Gwendoline Yzèbe est née en 1989 en Picardie où elle réside toujours. Après des études littéraires, elle devient journaliste. Végétarienne, puis végane, elle a créé le blog uncourantdevert.fr pour partager ses recettes, ses lectures et son expérience. Elle est aussi investie dans le milieu associatif afin de faire reconnaître le droit des animaux.

Couverture : Studio LGF.

ISBN : 978-2-253-18774-5

Gwendoline Yzèbe

VIVRE végane

Pourquoi devenir végane et comment le mettre en pratique

LE LIVRE DE POCHE

Sommaire

ANNEXES

Les animaux sont mes amis et je ne mange pas mes amis.

George Bernard Shaw

Sois le changement que tu veux voir dans le monde.

Mahatma Gandhi

Introduction

J'étais omnivore il n'y a pas si longtemps. Je mangeais de tout sans difficulté, sauf la mayonnaise et les huîtres. Souvent, quand on abordait le sujet de l'assiette je répondais que je préférais ne pas savoir, ne pas penser à ce que je mange. Mes grands-parents étaient fiers de raconter qu'à l'âge de trois ans, dans le Gers, j'avais réclamé une deuxième tournée de foie gras au restaurant. Le chef en personne était venu me l'apporter, tellement étonné qu'une si petite fille apprécie la gastronomie française. Aujourd'hui, ils citent encore cette anecdote, mais elle n'a plus le même sens. Elle symbolise mon changement.

Un ami d'enfance devenu végétarien m'a amenée – sans faire preuve de prosélytisme – à réfléchir à ce que je refusais de voir dans mon assiette. Il répondait à mes questions avec patience. Je pensais toujours à lui lorsque je préparais quelque chose à manger pour une soirée ou une sortie et, au fur et à mesure, je me suis montrée solidaire en refusant comme lui la chair animale, ce qui comprend aussi le poisson. Je continuais à consommer des œufs et des produits laitiers. J'ai découvert la cuisine végétarienne, j'ai commencé à lire des blogs, à découvrir des associations. J'ai passé des heures à chercher des informations sur Internet.

Je me suis mise à faire mes produits ménagers maison, à faire attention à acheter des cosmétiques non testés sur les animaux, etc. J'ai arrêté de manger de la viande et du poisson chez moi, j'en consommais en famille, au restaurant, puis seulement en famille… J'étais donc flexitarienne.

On me disait : « Tu vas devenir végétarienne » et je répondais : « Non, non, je réduis. » Mais mon estomac et mon cerveau étaient entrés en conflit. Il n'était plus possible de faire marche arrière. Je savais que je mangeais des êtres vivants et sensibles. Chaque bouchée de viande me faisait culpabiliser. J'ai retrouvé mon ami végétarien en vacances avec mon compagnon et, alors que nous débattions, j'ai compris que je partageais son avis, qu'il n'était plus possible de vivre dans cet entre-deux qui me pesait. J'ai mangé ma dernière bouchée de viande en août 2014 à Bruxelles et je n'ai pas regretté cette décision un seul instant depuis.

J'ai la chance que mon régime alimentaire n'a-t-il pas suscité de réactions très négatives de mon entourage. Certains l'ont plus mal pris que d'autres, mais il n'y a pas eu de conflit ouvert. Il a fallu beaucoup expliquer, rassurer. Non, je n'allais pas mourir d'anémie, oui j'avais toutes les protéines qu'il faut avec cette alimentation. Je n'ai d'ailleurs plus réellement de rhume et ma trachéite annuelle ne semble plus m'atteindre. Je me considère donc en bonne santé et même en pleine forme. Mon médecin ne dit pas le contraire.

J'ai dû changer mes habitudes en faisant les courses, mais rien d'insurmontable. J'ai découvert de nouveaux produits et, moi qui n'aimais pas cuisiner de plats, j'adore la créativité de la gastronomie végane. Mon compagnon ne préparant pas les repas, il s'est adapté également et m'a soutenue. J'ai continué à sortir avec mes amis, à aller au restaurant, à déjeuner avec mes collègues. Ça n'a pas changé ma vie sociale, si ce n'est qu'elle s'accompagne désormais de questions sur mon mode de vie. Elle s'est même enrichie de nouvelles rencontres avec des végétariens et végétaliens de ma ville et je me suis investie dans l'associatif. J'avais besoin d'agir pour le droit des animaux, encore plus concrètement qu'en refusant de les manger : tractages, organisation de repas végétaliens…

Végétarienne en société, je suis très vite devenue végétalienne à la maison. Je ne consommais plus d'animaux ni de produits laitiers (beurre, crème, yaourt, fromage, lait…), œufs et miel. Au fil de mes pérégrinations sur Internet, j'avais découvert la délicieuse cuisine végétale et les conditions de production du lait et des œufs. Je ne voulais pas être responsable de souffrances, mais une partie de moi craignait le regard des autres. Végétarien, c'était encore possible au restaurant, c'était encore facile pour que ma maman ou ma belle-maman s'adapte… J'ai fini par affirmer mon choix et ça n'a bouleversé personne. Je peux toujours manger au restaurant, j'ai quelques bonnes adresses et j'ai l'espoir que la cuisine végétale se développe avec la demande. Je pensais que le fromage me manquerait terriblement, mais ce sont finalement les pains au chocolat qui me font du charme en boulangerie. Mais, bonne nouvelle, nous en trouvons des véganes sur Internet et nous pouvons aussi les faire nous-mêmes.

Le cap de l'alimentation passé, en avril 2015, je pouvais dire que j'étais végane puisque je n'utilisais plus depuis plusieurs mois de produits testés sur les animaux ou contenant des substances d'origine animale. J'avais renouvelé ma salle de bains avec des produits labellisés véganes, naturels, réutilisables ou générant le moins de déchets possible. Ma préoccupation pour les animaux s'est accompagnée de celle pour l'environnement, l'un n'allant pas sans l'autre. J'exclus autant que possible de ma vie toute forme d'exploitation ou de cruauté envers les animaux, ce qui implique que je ne me rends pas à la corrida, je ne participe pas à la chasse ou à la pêche, je ne vais pas au zoo. Mais j'utilise le savon des toilettes publiques sans savoir ce qu'il contient, j'ai déjà mangé le pain d'un burger contenant du lait… Les produits animaux sont partout et j'étonne souvent les gens sans le savoir quand je l'explique. Peu de personnes font réellement attention à ce qu'elles mangent. De mon côté, j'apprends tous les jours et cherche de nouvelles solutions.

Pour moi, être végane, c'est plus qu'un mode de vie, c'est un engagement éthique et politique. C'est refuser toutes les formes d'injustices envers les animaux et entre les humains. Le véganisme est pour moi un mouvement pacifiste, même s'il existe des dissensions au sein de la communauté, composée de gens de divers horizons. Nous sommes parfois mal perçus, car nous remettons en cause une tradition bien ancrée qui soulève des questions bien plus vastes que la consommation de viande, telles que la tradition et la place de l'homme dans le monde. Oui, c'est une position extrême, mais ce terme n'est pas forcément négatif. Nous croyons en nos idées et les appliquons autant que possible.

Ce guide se propose d'offrir un panorama complet du véganisme. Après des principes théoriques et un état des lieux du véganisme aujourd'hui, je vous explique comment débuter concrètement et démêle le vrai du faux autour de ce mode de vie et cet engagement. Ce travail s'appuie sur de nombreuses recherches documentaires et entretiens. J'ai eu la chance d'interviewer Renan Larue, professeur de littérature à l'Université de Californie et auteur de livres abordant le véganisme à travers l'histoire ; Martin Gibert, philosophe spécialisé en éthique et psychologie morale ; et le Dr Jérôme

Bernard-Pellet, cofondateur de l'Association des professionnels de santé pour une alimentation responsable (APSARES), qui réalise des recherches sur la nutrition végétarienne et végétalienne depuis plus de dix ans. La rédaction de ce livre a enrichi mes connaissances et m'a permis de faire de belles rencontres. J'espère qu'il vous apportera autant qu'à moi.

Chaque parcours est différent, plus ou moins long et semé d'embûches, mais vous avez entre les mains des clés pour changer votre vie et celle de centaines d'êtres vivants.

QUELQUES DÉFINITIONS

Omnivore : Un omnivore mange de la viande, du poisson, des légumes, des céréales et des produits laitiers. Il n'a pas de restriction alimentaire si ce n'est celles de ses goûts et éventuelles allergies. C'est l'alimentation la plus courante en Occident.

Flexitarien : Un flexitarien est un omnivore qui réduit sa consommation de viande et de poisson, notamment en n'en consommant qu'aux repas en dehors de chez lui.

Végétarien : Un végétarien ne consomme pas de produits alimentaires impliquant la mort d'un animal : viandes (cochon, vache, poulet…), poissons et crustacés, gélatine, présure (partie de l'estomac du veau qui sert à faire coaguler le lait pour faire certains fromages) et cochenille (chenille écrasée utilisée pour donner un colorant rouge). Les pesco-végétariens ou pescétariens consomment du poisson.

Végétalien : Un végétalien ne consomme pas, tout comme le végétarien, de chair animale, mais aussi les produits issus des animaux : produits laitiers (beurre, crème, yaourt, fromage, lait…), œufs et miel.

Végane : Un végane va au-delà de l'alimentation végétalienne en refusant autant que possible l'exploitation des animaux dans ses vêtements (laine, cuir, soie, etc.), chaussures, sacs, accessoires, produits ménagers (graisses animales, etc.), loisirs… Il veille également à acheter des produits non testés sur les animaux.

I

POURQUOI DEVIENT-ON VÉGANE?

On n'a pas deux cœurs, un pour les animaux
et un pour les humains. On a un cœur ou on n'en a pas.

Alphonse de Lamartine

Il existe plusieurs raisons qui poussent au véganisme : les animaux, l'environnement et la santé. Les préceptes religieux peuvent aussi être une motivation, mais les principes qui les régissent rejoignent bien souvent ceux de l'éthique animale.

Il suffit parfois d'une vidéo, d'articles, de discussions avec des véganes, d'un scandale sanitaire de plus avec de la viande avariée, de s'intéresser à l'environnement… pour découvrir ce mode de vie et sa philosophie. Avec Internet, il est désormais facile d'accéder à l'information et de découvrir ce qui se cache derrière l'exploitation des animaux.

La position végane apparaît extrême au premier abord, car elle remet en cause toutes nos habitudes culturelles : alimentaires, mais aussi vestimentaires, cosmétiques… Moi-même, j'imaginais les véganes extrémistes avant de comprendre leurs motivations. Des choix qui semblent anodins ont des conséquences importantes que nous n'imaginons pas ou préférons ignorer. Les habitudes doivent être remises en question sous peine d'immobilisme. Pour progresser, notre société a dû remettre en cause des croyances longtemps établies.

La première raison d'être végane, celle qui m'a convaincue, concerne les animaux. Ce sont des êtres vivants, doués de sensibilité et non des marchandises. Ils ne nous appartiennent pas et, puisqu'il est tout à fait possible de vivre sans les exploiter grâce aux progrès scientifiques, agricoles et industriels, il n'existe pas de justification à notre façon de les traiter actuellement. L'industrialisation de l'élevage n'a fait qu'exacerber l'horreur du massacre des animaux pour finir dans nos assiettes… ou à la poubelle. Sans oublier ceux sacrifiés au nom de la science, des cosmétiques, de la mode ou de nos loisirs. Doit-on conserver des pratiques injustes et barbares au nom de la tradition ?

Si cette première raison se suffit à elle-même, devenir végane répond également à une autre problématique : la préservation des ressources de notre planète. Réduire le gaspillage d'eau et les rejets de CO_2 passe aussi par l'alimentation. L'élevage consomme de façon directe et indirecte une grande quantité d'eau potable alors que l'on estime qu'un milliard d'êtres humains souffrent de la soif. Pour produire 1 kg de viande, il faut 5 000 litres d'eau contre 1 000 litres pour la même quantité de céréales[1]. Une alimentation végétale permettrait également de « nourrir la planète » alors qu'un grand nombre de la population mondiale souffre de la faim. La mauvaise répartition des denrées alimentaires s'explique en partie – d'autres facteurs sont à prendre en compte – par la culture dans les pays « pauvres » de nourriture pour du bétail élevé dans les pays « riches » qui ne bénéficient pas de la surface nécessaire à cette production.

Le véganisme peut aussi être un choix pour sa propre santé. Si encore aujourd'hui beaucoup de personnes pensent qu'un régime sans produit d'origine animale est dangereux, de nombreuses études prouvent le contraire et démontrent ses effets positifs comme la réduction des risques de diabète de type 2, de maladies cardiovasculaires… C'est un régime alimentaire qui convient à tous les âges de la vie s'il est mené correctement.

Ces arguments s'inscrivent dans une longue tradition à travers l'histoire qui vient appuyer notre engagement. Plus qu'un mode de vie, le véganisme est un choix éthique et politique. Aujourd'hui de nombreuses associations, des intellectuels et scientifiques sensibilisent le grand public à la cause animale et encouragent la réduction de la consommation de produits issus des animaux. Revenons plus en détail sur ces différentes raisons.

1. Renault D. (FAO), *Value of virtual water in food, principles and virtues*, 2002. L'auteur précise qu'il faut compter en moyenne 1 500 litres pour les végétaux.

1 AFIN DE PRÉSERVER L'ENVIRONNEMENT ET SES RESSOURCES

Si la vie n'est qu'un passage, sur ce passage au moins semons des fleurs.

Montaigne

Nous sommes de plus en plus nombreux sur terre, consommons de plus en plus d'énergie et produisons toujours plus de déchets. Selon l'ONG Global Footprint, nous avons dépassé la capacité de la planète à régénérer ses ressources et à absorber les déchets, comme le CO_2, le 13 août 2015. Concrètement, c'est comme si nous avions dépensé plus que nous gagnions et que nous avions vécu sur nos économies les quatre derniers mois de l'année, puisant sur nos réserves qui ne sont pas infinies. Nous coupons les arbres plus vite qu'ils ne poussent, nous rejetons plus de CO_2 que ne peuvent en absorber les plantes. À ce rythme de consommation, liée à l'activité économique et à la croissance mondiale, les prévisions sont aujourd'hui alarmantes. Cela pourrait entraîner une augmentation de la température de 2,5 à 7,8 degrés au cours du XXIe siècle, provoquant un bouleversement de la biodiversité[1], amplifiant les phénomènes météorologiques et climatiques extrêmes, et entraînant la disparition de terres sous les eaux, à l'origine de « migrations climatiques ». Il est déjà trop tard pour éviter le réchauffement climatique et l'acidification des océans, mais il est encore possible de contenir sous le seuil de 2 degrés l'augmentation prévue en 2100. Pour cela, les experts ont clairement indiqué la marche à suivre : réduire de 40 à 70 % les gaz à effet de serre d'ici 2050 et commencer avant 2030[2]. La lutte

1. Franck Courchamp, chercheur au CNRS, parle d'une sixième extinction de masse avec un taux d'extinction des espèces de 100 à 1 000 fois supérieur à la normale.
2. Selon le 5e rapport de synthèse du Groupe d'experts intergouvernemental sur l'évolution du climat (GIEC).

contre le réchauffement climatique exige des prises de décisions des États et leur intervention dans différents domaines, mais nous, citoyens du monde, avons aussi un rôle à jouer. C'est maintenant qu'il nous faut agir, mais comment ? Une première étape possible : être végane !

Lutter contre le réchauffement climatique

En France, l'Observatoire de l'environnement révèle que l'empreinte écologique de l'alimentation atteindrait, à elle seule, le seuil de viabilité écologique fixée à 1,8 hectare par habitant. Ce seuil représente la charge supportable pour la planète par individu pour pourvoir à ses besoins en matière alimentaire, de logement, de production de biens et de déchets. Cela représente symboliquement ce que la planète peut au maximum produire par habitant. Si chaque individu sur terre consommait comme les Belges (7,47 hectares par personne, soit plus qu'aux États-Unis), il faudrait 4,3 planètes pour subvenir aux besoins de l'humanité. Les Canadiens consomment plus de 6 hectares par habitant, les Suisses près de 6 hectares et les Français plus de 5 hectares. Ainsi, 31 % de l'impact environnemental d'un pays est lié à l'alimentation. Plus les aliments sont transformés, plus ils sont produits loin du lieu où ils sont consommés, plus leur empreinte écologique est importante. Ce que nous mangeons a donc un impact immédiat sur l'environnement et un rôle à jouer dans le développement durable. La viande représente dans le panier alimentaire moyen français 33 % du bilan carbone contre 7 % pour les fruits et légumes, les légumes en conserve ont un bilan supérieur de 35 % comparé aux produits frais[1]. Un hamburger produit, par exemple, 3 kg de CO_2[2], une banane 80 g[3].

---

1. Source : *Le point sur* « Le contenu carbone du panier de consommation courante », publication du commissariat général au développement durable, n°121, avril 2012.
2. Source : treehugger.com/green-food/the-carbon-footprint-of-a-burger.html
3. Source : terraeco.net/Le-bilan-carbone-d-une-banane,15954.html

Selon l'écologie nutritionnelle, discipline « qui étudie les conséquences globales de nos modes alimentaires », être végétarien est l'un des meilleurs moyens pour avoir une alimentation à la fois « bénéfique pour la santé et "durable" » pour la planète. En plus de changer d'alimentation, consommer bio, de saison et local, a aussi une influence majeure. Pour s'en convaincre, il suffit de regarder les chiffres fournis par les différentes organisations : l'élevage est responsable de 14,5 % des émissions de gaz à effet de serre[1], un légume de saison local produit vingt fois moins de gaz à effet de serre qu'un légume frais hors saison importé[2].

ÉQUIVALENT EN KILOMÈTRE AUTOMOBILE DE L'EFFET DE SERRE SELON L'ALIMENTATION (PAR PERSONNE ET PAR AN)[3]

Type d'alimentation	Agriculture bio	Agriculture conventionnelle
Végétalienne (sans viande et sans produit laitier)	281 km	629 km
Végétarienne (sans viande mais avec produits laitiers)	1 978 km	2 427 km
Omnivore (avec viande et produits laitiers)	4 377 km	4 758 km

1. *Tackling climate change through livestock*, FAO (Organisation des Nations unies pour l'alimentation et l'agriculture), 2013.
2. Association Bon pour le Climat, labellisée COP 21.
3. D'après Foodwatch, rapport sur l'effet de serre dans l'agriculture conventionnelle et biologique.

Préserver la qualité de l'eau et sa juste répartition dans le monde

Le véganisme contribue à une plus juste distribution des ressources en eau : en effet, l'élevage en consomme énormément. La viande représente 36 % de la consommation d'eau en France[1], notamment à cause des plantations de maïs et de soja qui sont destinées à nourrir le bétail.

DES CHIFFRES CLÉS[2] :

Selon l'indicateur *Water Footprint* qui évalue l'empreinte eau, pour produire 1 kg de viande de bœuf, il faut 15 500 litres d'eau contre 1 800 litres pour la même quantité de soja, sachant que cette plante apporte plus de protéines que le bœuf (ces chiffres représentent les litres d'eau que boit l'animal durant sa vie, mais aussi ceux nécessaires aux céréales pour le nourrir et enfin ceux utilisés pour sa transformation en viande, une fois celui-ci tué...). 15 500 litres d'eau, c'est ce que vous utilisez en vous douchant tous les jours pendant plus de 10 mois.

Eau consommée chaque jour par l'alimentation d'un omnivore : 8 250 litres.

Eau consommée chaque jour par l'alimentation d'un végétalien : 3 600 litres.

L'exploitation des animaux gaspille également des quantités importantes d'eau dans d'autres domaines que l'alimentation. Une paire de chaussures en cuir consomme, par exemple, 8 000 litres d'eau. La production de fourrure consomme également plus d'eau que les autres industries textiles, coton excepté.

Aujourd'hui, un milliard d'êtres humains souffrent de la soif. Avec l'augmentation de la population mondiale, l'accès à l'eau est plus que jamais un défi majeur dans les années à venir.

1. *L'Empreinte eau de la France*, Rapport de la WWF, 2012, p. 4.
2. Source : viande.info.

Préserver l'écosystème marin

Notre consommation croissante de poissons et d'animaux marins a des conséquences désastreuses sur l'écosystème. La FAO affirme que les ressources sont surexploitées[1], à terme, les espèces les plus couramment pêchées pourraient disparaître, tels le thon rouge, le saumon sauvage d'Atlantique, le merlu (appelé aussi colin), l'anchois, le flétan, la lotte... Les techniques de pêche sont de plus en plus invasives, avec de gigantesques filets qui ratissent les fonds marins, détruisant sur leur passage des coraux centenaires voire millénaires, attrapant parfois jusqu'à 90 % d'êtres vivants qui seront jetés, car non consommés, comme les requins blancs et les requins-renards. Le Conseil international pour l'exploration de la mer (CIEM) affirme que le chalutage dans les grands fonds de l'Atlantique Nord-Est a entraîné la baisse des stocks de grenadiers de 75 %, de lingues bleues de 67 % et de sabres noirs de 65 %. L'aquaculture, c'est-à-dire l'élevage de poissons, n'est pas une solution : elle entasse les animaux dans les bassins, les nourrit avec des farines de poissons et utilise de nombreux produits chimiques. Le véganisme semble donc la seule réponse efficace.

Permettre l'alimentation du plus grand nombre

La production de bétail monopolise 70 % des terres agricoles et 30 % de la surface émergée de la planète. Mais avec l'accroissement de la population dans les années à venir, chacun sait qu'il ne sera pas possible de nourrir 9 milliards d'êtres humains avec des protéines animales. D'ici 2050, la FAO prévoit que la production de viande double. Cela implique des besoins supplémentaires en terme d'occupation du sol, tant pour le logement de notre population croissante que pour la production de denrées alimentaires (végétaux pour les animaux d'élevage et pour l'alimentation humaine), mais aussi en eau, ce qui est un véritable problème comme nous l'avons vu. Ce phénomène ne fait pas seulement courir le danger

1. *La Situation mondiale des pêches et de l'aquaculture*, Rapport de la FAO, 2012.

de famine, mais menace aussi la stabilité géopolitique mondiale, du fait des conflits que les migrations nécessaires de population risquent de générer. Actuellement, les 7 milliards d'hommes consomment 20 % de viande pour leurs apports en protéines, il faudrait descendre à 5 % en 2050 pour nourrir les 2 milliards supplémentaires. Là où, à l'échelle planétaire, l'alimentation omnivore laisse des populations affamées, le véganisme permet à l'inverse de nourrir l'ensemble des hommes.

DES CHIFFRES CLÉS[1] :

Il faut 674 m² par an pour nourrir un végane.

Il faut 1,21 hectare par an pour nourrir un omnivore.

S'il y a 9 milliards d'omnivores sur terre, il faudrait près de 11 millions d'hectares sur les 14 900 millions d'hectares qu'offrent les terres émergées.

La nourriture omnivore nécessite une plus grande consommation de végétaux pour un moins bon rendement calorique que s'ils étaient utilisés directement pour nous nourrir. Or les céréales données aux animaux d'élevage représentent 85 % de la production mondiale de soja[2] ! Ne pourraient-elles pas servir à notre alimentation ? Certes, les céréales données aux animaux reviennent de manière indirecte dans notre assiette, mais, comme le note l'Organisation des Nations unies pour l'alimentation et l'agriculture, quel gaspillage ! Le nombre de calories avalées par l'animal au long de sa vie est loin de se retrouver en totalité une fois celui-ci servi au repas. Quand on sait qu'environ 805 millions de personnes étaient en situation de sous-alimentation entre 2012 et 2014[3] et qu'une alimentation végétale pourrait « nourrir la planète », peut-on hésiter plus longtemps ? Aujourd'hui, les progrès techniques sont

1. *Cowspiracy*, documentaire de 2014 de Kip Andersen et Keegan Kuhn.

2. Source : soyatech.com

3. Selon la FAO : Food and Agriculture Organization of the United Nations – Organisation des Nations unies pour l'alimentation et l'agriculture, *L'État de l'insécurité alimentaire dans le monde*, 2014.

suffisamment avancés pour qu'une alimentation 100 % végétale réponde à l'ensemble de nos besoins.

Réduire sa consommation de viande ne suffit pas. Demeurent un gâchis alimentaire, une production polluante et de grandes disparités dans la répartition alimentaire dans le monde au profit des pays dits « riches ». L'augmentation de la population ne fera qu'accroître ces phénomènes. Le véganisme ne prétend pas sauver le monde, mais il est une réponse au problème qui doit être couplée à des réflexions sur l'ensemble de nos modes de consommation et sur nos interactions avec les autres habitants de la planète, humains et non humains.

DES CHIFFRES CLÉS[1] :

Nombre de personnes pouvant être nourries par hectare et par an avec :
du bœuf : 1
de l'agneau : 2
du riz : 19
des pommes de terre : 22

Des solutions d'avenir

Une nouvelle forme d'agriculture se développe : l'agriculture biovégétalienne ou agro vegan écologique. Sans produit phytosanitaire, sans engrais issu des déjections animales, sans reste des abattoirs (cornes, sang, plumes, os…), ce type de culture est éthique, respectueuse de l'environnement et de la faune sauvage. Elle est moins productive que l'agriculture intensive, mais elle n'est pas moins rentable, car la fertilisation d'origine animale coûte cher[2]. Cette agriculture repose sur l'enrichissement permanent du sol grâce au paillage, à la couverture

1. Série de Rapports techniques 916, *Régime alimentaire, nutrition et prévention des maladies chroniques*, OMS/FAO, 2003.
2. Guyard, Clèm, Riaux, Bérénice, « Agriculture végane : des agriculteurs parlent de leur expérience », *Les Cahiers antispécistes*, n° 36, septembre 2014, p. 59.

végétale et aux engrais verts, l'entretien de sa matière organique (humus), la rotation des cultures (cela évite les maladies et permet de nourrir le sol : les légumineuses, par exemple, ont la capacité de fixer l'azote de l'air et de le rendre disponible dans le sol pour les cultures suivantes), la sélection de semences adaptées à la région, l'utilisation de purin ou de compost végétal. Afin de favoriser la vie des animaux sauvages, ce type de culture laisse des zones refuges avec des haies, des talus, des espaces en jachère et crée un ensemble d'éléments qui abritent toute une faune d'insectes, d'oiseaux et de petits mammifères. Espaces et ressources sont ainsi partagés entre tous les animaux. À l'heure actuelle, il est difficile de savoir combien d'agriculteurs emploient cette méthode. En France, aucun label ne permet de les reconnaître, mais en Angleterre, il existe le label Vegan Organic Network. Il existe cependant un réseau francophone au Québec et en France : Végéculture.

Le cas de la France

En France, les deux tiers des terres agricoles sont destinés à l'alimentation animale[1]. Si l'agriculture française est le troisième secteur émetteur de gaz à effet de serre, une partie substantielle est donc liée à l'élevage. La France est d'ailleurs le pays européen qui émet le plus de méthane et de protoxyde d'azote[2]. L'élevage, y compris la pisciculture, est une cause importante de la pollution de l'eau : engrais et pesticides utilisés pour la production de céréales, déjections animales (300 millions de tonnes par an), antibiotiques, hormones, produits chimiques des tanneries pour assouplir et teindre les peaux… Contamination de l'eau potable, prolifération des algues vertes (notamment dues à l'élevage en Bretagne qui concentre 58 % de la production porcine, 21 % de la production de lait de vache, 33 % de la production de volailles[3]), pluies acides,

1. Mission climat de la Caisse des dépôts, Études climat 2005, p. 3.
2. *Ibid.*, p. 4.
3. Selon les données 2013 de la préfecture de la Région Bretagne.

autant de phénomènes en partie liés à l'élevage intensif et qui ont des conséquences sur l'être humain et l'écosystème.

L'élevage français pollue bien au-delà de ses frontières, car pour nourrir le bétail, le territoire français ne suffit pas. 4,5 millions de tonnes de soja sont importées, notamment du Brésil et d'Argentine, où cette production intensive est source de déforestation et se fait au détriment des producteurs locaux. La destruction de la forêt d'Amazonie, en plus de produire des gaz à effet de serre, perturbe le cycle de l'eau (la végétation stockant et diffusant l'humidité, ce que l'on appelle l'évapotranspiration), provoque des érosions, l'envasement des rivières et détruit l'habitat naturel de milliers d'espèces végétales et animales. Cette culture du soja pollue l'eau avec des pesticides. De plus, elle crée des conflits avec les communautés indigènes qui sont déplacées, offre peu d'emplois ou alors dans des conditions médiocres, et menace l'alimentation des populations locales, car la production agricole est destinée en priorité aux animaux d'élevage.

« On ne va pas avoir le choix d'arrêter de consommer des produits animaux, car ce n'est pas durable, insiste le philosophe en éthique et psychologie morale, Martin Gibert. Ce qui est assez dramatique sur la question environnementale, alors que l'on sait tout ça, qu'il y a des données officielles, c'est qu'il y a très peu de politiques publiques qui vont dans le sens de la diminution de la consommation de produits animaux. [...] Sur cette question-là, j'aime bien répéter cette idée : quand bien même une personne n'est pas végane elle-même, elle a le devoir de faire la promotion du véganisme pour des raisons environnementales[1]. »

1. Interview du 29 septembre 2015.

2 POUR LES ANIMAUX

La question n'est pas : « Peuvent-ils raisonner ? »
ni « Peuvent-ils parler ? », mais « Peuvent-ils souffrir ? »

Jeremy Bentham

Le 28 janvier 2015, le Parlement français a adopté le projet de loi modernisant le statut juridique des animaux passants de « biens meubles » à « êtres vivants doués de sensibilité ». Depuis 1976, ils étaient reconnus par le code rural et de la pêche maritime comme tels et devaient être placés dans des conditions compatibles avec leurs impératifs biologiques. Reconnaître aux animaux le statut d'êtres sensibles, c'est reconnaître leur faculté à ressentir des émotions tels la joie, la peur, le stress, leur capacité à éprouver de l'amour ou bien de la douleur. De nombreuses études, portant sur des vertébrés et des invertébrés, ont montré que les animaux sont capables de ressentir des émotions similaires aux nôtres. Mammifères, oiseaux et poissons ont des systèmes nerveux très développés et sont capables d'avoir des relations sociales, plus qu'on ne l'a cru pendant longtemps. Ce n'est pas parce que l'on n'entend pas un poisson crier qu'il ne souffre pas. Son système nerveux atteste bel et bien qu'il ressent la douleur au même titre que les autres vertébrés[1]. Bien souvent encore pourtant, notre compassion ne s'étend pas aux poissons, elle se dirige plus naturellement vers les animaux à sang chaud.

Des êtres doués de raison et de sentiments

Les moutons, que l'on pense souvent peu intelligents, sont, par exemple, capables de se soigner avec des plantes[2] en cas d'ingestion

1. Brown, Culum, « Fish intelligence, sentience and ethics », *Animal Cognition*, vol. 18, Issue 1, pp. 1-17.
2. Villalba, Juan J., Provenza, Frederik D., Shaw, R. (2006). *Sheep self-medicate when challenged with illness-inducing foods. Animal Behaviour* 71, Issue 5, pp. 1131-1139.

d'un aliment qui les rend malades. De nombreuses anecdotes montrent également qu'ils sont capables d'ingéniosité : pour brouter une meilleure herbe, ils peuvent aller jusqu'à rouler sur eux-mêmes pour franchir des barrières, comme ce fut le cas en 2004 à Marsden en Angleterre.

Les vaches sont très sociables et créent des liens d'amitié entre elles[1], liens d'affection qui sont d'autant plus forts avec leurs petits. Une vétérinaire américaine, Holly Cheever, raconte[2] comment une vache laitière, mettant bas pour la cinquième fois, a eu des jumeaux et a choisi de cacher un de ses veaux dans la forêt, non loin de sa pâture, sachant que sans cela les deux lui seraient retirés quelques heures après leur naissance.

Les cochons répondent quand on les appelle, s'amusent avec des jouets[3] et sont même capables d'apprendre à jouer à un jeu vidéo plus vite qu'un chimpanzé, selon une expérience menée par le Dr Stanley Curtis.

Les poissons font également preuve de capacités surprenantes pour ceux qui en douteraient encore. Les recherches de Redouan Bshary, chercheur à l'université de Neuchâtel en Suisse, montrent qu'ils sont capables de coopération. Les plus gros poissons laissent les plus petits les nettoyer de leurs parasites, certains chassent ensemble et ont même développé un langage corporel pour synchroniser leurs attaques.

INSTINCT OU 6e SENS ANIMAL ?

Il existe de nombreuses histoires sur des chiens sauvant leurs maîtres en les faisant quitter un bâtiment quelques secondes avant un tremblement de terre, des abeilles fuyant précipitamment leurs ruches avant une terrible tempête – ces animaux

1. Fraser, A., et Broom, D., *Farm Animal Behaviour and Welfare*, CABI Publishing, 3e éd., 1996.
2. Sur globalanimal.org, avril 2012.
3. Temple Grandin, *Environmental Enrichment for Confinement Pigs*, Livestock Conservation Institute, 1988.

sentant les catastrophes avant même que nos appareils ne les repèrent. Des chats retrouvent le chemin de leur maison à des centaines de kilomètres du lieu de vacances où ils ont été perdus... Les humains auraient également cette capacité, un peu oubliée, cette façon d'analyser inconsciemment un certain nombre de signes qui créent ce que nous appelons «prémonitions» ou parfois «instinct». Certains neuroscientifiques parlent d'intelligence intuitive, notamment nourrie par les émotions et nos capacités sensorielles.

Les scientifiques affirment la sentience animale

Ce ne sont que quelques exemples parmi d'autres des recherches scientifiques dans le domaine de la sentience animale. Ce néologisme emprunté à l'anglais désigne une vie mentale subjective, une faculté à ressentir, à penser. Nous n'avons pas d'équivalent exact dans notre vocabulaire, la sentience ne se résumant pas à la conscience, à l'esprit ou à la sensibilité. S'il est vrai que les êtres humains ont tendance à comparer la sentience des animaux à la leur, faute d'autre modèle, il ne s'agit pas pour autant d'une volonté d'anthropomorphisme chez les véganes, de vouloir leur attribuer des sentiments ou des passions humaines. Le « monde intérieur » des animaux n'est probablement pas semblable au nôtre, mais cela ne veut pas dire qu'il n'existe pas ou qu'il lui soit inférieur. Les progrès scientifiques et éthologiques ont prouvé que l'être humain partage avec d'autres animaux des sentiments similaires à des degrés divers (plus ou moins développés). Ainsi, la Déclaration de Cambridge, signée en 2012 par d'éminents chercheurs, dont le neuroscientifique Philipp Low et le physicien Stephen Hawking, reconnaît officiellement que les animaux sont doués de conscience.

Il faudra sans doute encore de nombreuses études pour en savoir plus sur les émotions, les capacités d'apprentissage ou de communication des différentes espèces animales. Il sera nécessaire de dépasser notre anthropocentrisme qui nous a élevés depuis des siècles comme l'espèce dominante, la plus intelligente ; des présupposés qui rendent difficiles toute remise en question sur notre façon d'utiliser les animaux.

LE TEST DU MIROIR DE GORDON G. GALUPP

«Le test du miroir», mis en place par Gordon G. Galupp dans les années 1970, consiste à faire une marque sur le front d'un animal endormi, à le placer à son réveil devant un miroir et à étudier sa réaction. S'il touche la marque, c'est qu'il se reconnaît dans un miroir et a conscience de lui-même. Ce test a cependant besoin d'être adapté selon les espèces, certaines utilisant davantage leur sens olfactif ou auditif plutôt que visuel. De plus, le test du miroir est une conception anthropocentrique, les espèces n'utilisent pas toutes autant que nous la vue pour appréhender le monde et leur propre existence. Cela explique pourquoi peu d'animaux jusqu'à présent ont réussi ce test.

L'idéologie carniste

Culturellement, nous avons été habitués à catégoriser les animaux en catégorie « comestibles » ou « non comestibles ». Ainsi, il est impensable de manger un chat ou un chien en France, tout comme il est impensable de manger une vache en Inde. En Corée du Sud, on mange du chien sans que cela soit plus choquant que de manger un cochon chez nous. Les Japonais mangent du dauphin. Certains mangent du cheval, d'autres non. Au fond, pourquoi cela serait-il plus moralement condamnable de manger un chien ou un dauphin plutôt qu'un cochon ? La différence se situe dans des habitudes tellement ancrées qu'il ne nous vient pas à l'esprit de les interroger. « Nous réagissons différemment à différents types de viandes, non parce qu'il existe une différence physique entre elles, mais parce que nous les percevons différemment », explique Melanie Joy, en 2010, dans *Why we Love Dogs, Eat Pigs and Wear Cows ?*[1] Elle constate en interrogeant les étudiants pendant ses cours de psychologie et de sociologie à l'université du Massachusetts, à Boston, que

1. Melanie Joy, *Why We Love Dogs, Eat Pigs, and Wear Cows: An Introduction to Carnism: The Belief System That Enables Us to Eat Some Animals and Not Others*, Conari Press, 2011.

nous envoyons à l'abattoir les membres d'une espèce tandis que nous adoptons et adorons les membres d'une autre espèce parce que « les choses sont ainsi faites ». L'idéologie carniste, qu'elle nomme pour la première fois, est tellement établie que ses pratiques apparaissent comme des évidences, des faits, plutôt que des valeurs. Melanie Joy explique que, pour justifier la consommation d'animaux, le carnisme se repose sur « 3 N » : manger de la viande est naturel, normal et nécessaire. Tout notre environnement vise à soutenir ce mythe, malgré ses incohérences. Les omnivores sont des carnistes qui s'ignorent.

Vie et mort des animaux d'élevage

Nous vivons dans une société où paradoxalement l'on reconnaît la sensibilité des animaux, surtout domestiques, et dans laquelle pourtant nous occultons les conditions d'élevage et d'abattage des animaux pour notre propre consommation. Une alimentation traditionnelle repose à notre insu sur une idéologie violente. « Le carnisme nous empêche de percevoir la souffrance animale à sa juste mesure. On sait vaguement qu'il y a de la souffrance animale, mais on ne perçoit pas son intensité », souligne le philosophe Martin Gibert. Les abattoirs sont installés loin des villes, de sorte qu'on ne voit aucun chaînon du processus de fabrication de la viande. De plus, une fois emballés sous vide dans les étals d'un supermarché, les produits carnés n'ont plus rien à voir avec l'animal abattu. Le lien entre la viande et l'animal a été rompu avec l'industrialisation des élevages. En ces lieux où les conditions de travail sont difficiles, les animaux sont souvent mal étourdis, voire parfois pas étourdis du tout, avant d'être tués. Origine bio, conventionnelle ou locale, la mort est partout la même. Les animaux ressentent la même peur, la même souffrance.

L'EXEMPLE DES COCHONS[1]

Dans les élevages, 95 % des porcs français ne connaissent jamais l'extérieur. En Belgique, 90 % des 11 millions de cochons sont élevés sur caillebotis (un sol en béton ou en métal ajouré pour laisser les déjections tomber dans une fosse) en bâtiments. Pas d'espace de repos moelleux et sec, pas d'espace pour courir, jouer, chercher de la nourriture. Faute de pouvoir établir une hiérarchie, compte tenu de leurs conditions de vie, les cochons ont des comportements agressifs qu'ils n'ont pas à l'état naturel.

Les porcelets naissent dans des cages de maternité où le contact avec leur mère est quasiment impossible. Ces cages sont censées garantir leur sécurité pour que leur mère ne les écrase pas, une maladresse qui n'existe pas à l'état sauvage où les truies ont autant d'espace qu'elles le souhaitent pour bouger. Les mâles dès le plus jeune âge (7 jours ou moins) sont castrés sans anesthésie, pour des raisons de coût, et cette opération leur est douloureuse, comme le souligne en 2004 une étude de l'Autorité européenne de sécurité des aliments. Leurs dents sont également meulées. Les porcelets chétifs – non rentables donc – sont généralement assommés contre un mur ou à l'aide d'une masse.

20 % des porcs meurent entre la naissance et le départ à l'abattoir, malgré de nombreuses injections d'antibiotiques : 37 % des antibiotiques vétérinaires vendus en France leur sont destinés.

Après un trajet parfois long sans eau où certains trouvent la mort, arrivés à l'abattoir, ils sont étourdis par un choc électrique, qui ne fonctionne pas toujours, suspendus par les pattes, puis

1. Vous pouvez lire le travail de Sébastien Mouret pour avoir un aperçu de leurs conditions de vie et des maltraitances humaines ainsi que l'impact de l'élevage sur la santé des travailleurs. « Travailler en élevage industriel de porcs : “On s'y fait, de toute façon, c'est comme ça”. », *Travailler*, 2005/2 n° 4, Martin Media, p. 21-46.

saignés. D'anciens travailleurs témoignent de violence qu'ils ont vue ou même perpétrée, excédés par les cris de terreur des cochons : tranchage de museaux, application de sel sur les plaies, coups... Les récits et les images sont insoutenables.

Les images d'Épinal de notre enfance montrant des animaux dans une ferme, vivant une belle vie dans l'herbe, jouant avec leurs camarades sont entretenues par les publicités. Pour se donner bonne conscience, on consomme des poulets élevés en plein air, vivants 81 jours au lieu de 38 en moyenne dans un élevage intensif. Alors qu'ils pourraient vivre jusqu'à 15 ou 20 ans. Il est plus facile de les imaginer ainsi que les uns sur les autres dans des cages, les becs coupés, les membres atrophiés et incapables de se déplacer même s'ils en avaient l'espace (à cause de la sélection génétique mise en place pour produire plus de chair en un minimum de temps).

Si l'on se penche sur l'industrie laitière, on est également loin des pâturages idylliques. Comme les autres mammifères, les vaches produisent du lait destiné à leur petit. Sans intervention humaine, elles nourriraient leur veau et cesseraient naturellement de produire du lait une fois celui-ci assez grand. Pour notre consommation, les vaches sont sélectionnées génétiquement pour produire plus. Selon le site lafranceagricole.fr, une vache donne 8 400 litres de lait par an, soit trois fois plus qu'en 1950. Certaines peuvent produire jusqu'à 12 000 litres ! En contrepartie, elles sont souvent sujettes à des boiteries et infections de pis et vivent moins de 5 ans (elles sont envoyées à l'abattoir, car elles ne produisent plus assez et la plupart des steaks sont, en fait, des vaches laitières) alors qu'elles ont normalement une espérance de vie de 20 ans. Elles sont inséminées artificiellement une fois par an pour stimuler la production de lait et, durant leur gestation, elles continuent d'être traites. Elles se voient séparées de leur petit à la naissance ou dans les vingt-quatre heures et meuglent pendant des jours en le cherchant. Les veaux mâles sont destinés à la production de viande, écornés et castrés sans antidouleur, ils passent les huit premières semaines de leur vie dans une cage. Ils sont volontairement anémiés pour que leur chair soit claire. Ils sont en général tués avant l'âge de deux ans. La plupart des veaux femelles suivent le même destin que leur mère.

DES CHIFFRES CLÉS :

- En France, 1 milliard d'animaux[1] sont abattus chaque année, soit l'équivalent de la population indienne, et 800 000 tonnes d'animaux aquatiques sont mises sur le marché. 747 900 000 poulets, 76 100 000 canards, 45 900 000 dindes, 36 800 000 poules, 31 700 000 lapins, 25 100 000 pintades, 23 653 000 cochons, 4 642 600 bovins, dont 1 305 300 veaux, 3 685 900 agneaux, 714 600 chèvres, 544 800 moutons adultes, 300 000 oies, 17 100 chevaux. La moyenne est de 88,2 kg d'animaux consommés par habitant et par an.

- Un Belge mange en moyenne, au cours de son existence, selon les chiffres de l'association Végétik : 890 poulets, 42 cochons, 40 lapins, 6 brebis, 5 vaches. 100 kg de viande par an et par habitant sont consommés en Belgique.

- En 2013, Proviande, l'organisation interprofessionnelle suisse de la filière viande, annonce que la consommation de viande du pays s'élève à 51,98 kg par habitant (hors poisson).

- Statistique Canada annonce une consommation de 90,2 kg de viande par habitant en 2010.

- Dans le monde, ce sont 65 milliards d'animaux qui sont abattus chaque année pour la consommation humaine.

Au regard de ces chiffres colossaux, on comprend pourquoi Matthieu Ricard parle de zoocide dans son *Plaidoyer pour les animaux*[2]. Et encore : ces données ne tiennent pas compte des animaux exploités pour l'industrie textile ou pharmaceutique.

1. Les Produits carnés, avicoles et laitiers, données statistiques 2014, France AgriMer, août 2015.
2. *Plaidoyer pour les animaux. Vers une bienveillance pour tous*, Allary éditions, 2014.

Elles oublient également les poussins mâles tués dans les élevages de poules pondeuses, les poussins femelles dans les élevages de foie gras ou les poissons morts dans une eau polluée de nitrates produits par les élevages, autant de victimes collatérales de la consommation humaine.

MANGER LES ŒUFS DE SES POULES À MONTRÉAL

Les poulaillers de ville se développent au Québec. Ils sont encouragés pour des raisons écologiques, les poules pouvant manger des déchets végétaux (mais il leur faut aussi des céréales). Outre les problèmes liés au fort taux d'abandon des animaux domestiques et les risques de mauvais traitements, la création de ces poulaillers est source de souffrance. En effet, les poussins sont sélectionnés en fonction de leur sexe. Les mâles sont tués, par suffocation ou broyage, comme pour les élevages de poules pondeuses. Les femelles sont quant à elle entassées dans des boîtes et envoyées par la poste, sans eau ni nourriture parfois pendant 72 heures avant d'atteindre leur destinataire. Une situation que dénonce l'association québécoise Respect Animal. C'est également considérer les poules comme des ressources et non des êtres vivants ayant leurs propres intérêts.

Au-delà de la mort de millions d'animaux pour notre consommation alimentaire, d'autres meurent pour leur fourrure. La France élève 190 000 visons dans une vingtaine de sites[1]. Au Canada, ce sont 3,3 millions de visons et renards qui sont tués chaque année dans les fermes d'élevage où ils sont entassés dans de petites cages insalubres, les uns sur les autres. D'autres animaux sont piégés également dans la nature pour approvisionner la mode. Plus de 85 % des vêtements de fourrures sont fabriqués à Montréal.

1. Site : fondationbrigittebardot.fr/s-informer/fourrure.

L'exploitation et la souffrance animale pour les loisirs

Les loisirs ne sont pas toujours exempts de souffrance. Chasse, pêche, corridas, mais aussi cirques, zoos, promenades en calèches… ne sont pas sans conséquence pour les animaux. Les premiers entraînent la mort. La corrida s'apparente à de la torture, acte qui est normalement puni par la loi : L 521-1 du Code pénal, modifié par l'ordonnance du 5 octobre 2006, « le fait, publiquement ou non, d'exercer des sévices graves, ou de nature sexuelle, ou de commettre un acte de cruauté envers un animal domestique, ou apprivoisé, ou tenu en captivité, est puni de deux ans d'emprisonnement et de 30 000 euros d'amende ». Cette pratique est cependant protégée au nom de la tradition, ainsi le Code pénal précise que « les dispositions du présent article ne sont pas applicables aux courses de taureaux lorsqu'une tradition locale ininterrompue peut être invoquée. Elles ne sont pas non plus applicables aux combats de coqs dans les localités où une tradition ininterrompue peut être établie ».

Dans les cirques, les animaux sont soumis par la force et la peur, ce qu'on appelle le dressage. Contraints d'exécuter des numéros pour nous amuser, ils vivent dans des cages étroites et sont transportés constamment. On constate de nombreux troubles du comportement : éléphants qui balancent leur trompe, félins qui tournent en rond, singes qui tapent contre les cages… Les arts du cirque ont évolué et il est possible d'assister à des spectacles sans animaux, des créations poétiques, drôles, époustouflantes, il y en a pour tous et sans souffrance. Les cirques avec animaux sauvages sont interdits en Belgique, aux Pays-Bas, au Portugal, en Finlande, en Suède, au Danemark… Et de plus en plus de villes dans le monde interdisent les cirques avec animaux sur les terrains municipaux comme Varsovie en Pologne, le comté de Dublin Sud en Irlande, ou encore Lieusaint, Creil, Montreuil et Roncq en France.

La situation des animaux dans les zoos ou delphinariums n'est pas meilleure, même si la législation s'applique plus facilement que dans les cirques. Enfermés, les individus sont nombreux à présenter des troubles du comportement ou des maladies liées au stress. Vous pouvez regarder le travail du photographe Gaston Lacombe, qui a capturé ces moments de solitude et de tristesse des animaux[1]. Les cétacés peuvent parcourir jusqu'à 160 km par jour à l'état sauvage, ils sont loin de bénéficier d'un tel espace dans leur aquarium. La préservation des espèces et de la biodiversité ne se fait pas dans ces prisons. Les réserves seraient plus adaptées.

Se promener à dos d'éléphants, prendre des tortues de mer dans ses bras, assister à des spectacles de singes danseurs ou de charmeurs de serpents... autant d'activités touristiques classées parmi les plus cruelles par la World Animal Protection et donc à proscrire.

Les tests sur les animaux pour la recherche

« Un consensus est bien établi en éthique animale : on ne devrait pas faire de tort sans nécessité à un être sensible. Le plaisir gustatif, la mode vestimentaire, les plaisirs sportifs comme le cirque et le rodéo... on ne peut pas dire que c'est nécessaire. Le seul domaine où il peut y avoir des débats légitimes, c'est avec les tests sur les animaux. Il peut y avoir certains tests où l'on considère que c'est vraiment nécessaire de faire souffrir des animaux pour avoir des résultats », explique Martin Gibert[2]. Sur ce dernier point, la question fait tout de même débat.

● Pour

Le Groupe interprofessionnel de réflexion et de communication sur la recherche (Gircor) explique sur son site Internet recherche-animale.org que l'utilisation des animaux se fait au nom des progrès de la science et pour la santé publique. « Les animaux et l'homme ont énormément de choses en commun : l'ADN et l'ARN ont les mêmes codes chez la méduse, la mouche, le poulet, la souris ou l'homme. » De ce fait, ils possèdent des organes ayant les mêmes fonctions et confirment la fiabilité des tests sur des animaux. Pour

1. gastonlacombe.com, série de photos intitulée « Captive ».
2. Interview du 29 septembre 2015.

le Gircor, la souffrance animale est absente de la plupart de ces études qui font progresser la santé humaine.

Contre

D'autres chercheurs s'opposent à cette vision. C'est le cas du Comité pour la modernisation de la recherche médicale (MRMC) qui, dans sa publication *Un regard critique sur l'expérimentation animale*, affirme qu'« une quantité considérable de documents à l'appui confirment que les expériences sur les animaux sont inefficaces et peu fiables, contrairement aux méthodes récemment mises au point – qui sont plus valables et moins onéreuses que les études effectuées sur les animaux ». Le MRMC met notamment en avant que se fier à la recherche médicale sur les animaux peut avoir des conséquences néfastes, citant les recherches sur le cancer du poumon provoqué par le tabac qui, n'ayant pas été attesté par les tests sur les animaux, a entraîné un retard de sa prévention auprès du public, de même pour l'amiante. L'ouvrage présente un certain nombre de tests sur les animaux qui ont produit et produisent encore des résultats erronés. Le Comité souligne également le coût de l'expérimentation animale comparé au test in vitro (sur les cellules-souches humaines, par exemple).

DES CHIFFRES CLÉS :

En France 2,2 millions d'animaux sont utilisés pour la recherche scientifique[1].

1,3 million de souris, 354 000 de poissons, 253 000 rats, 126 000 lapins, 357 000 animaux à sang froid (serpents, grenouilles), 3 000 chiens, 1 810 primates et 569 chats.

600 000 sont utilisés dans les laboratoires en Belgique.

11,5 millions d'animaux ont été tués dans les laboratoires européens en 2011, selon les chiffres de l'Union européenne.

1. Site : enseignementsup-recherche.gouv.fr/cid70613/enquete-statistique-sur-l-utilisation-des-animaux-a-des-fins-scientifiques.html.

Plus de 60 % l'ont été à des fins de recherche et de développement dans les études de biologie fondamentale, dans les domaines de la médecine humaine, de la médecine vétérinaire et de la dentisterie. 14 % de ces animaux ont été utilisés pour la production et le « contrôle qualité » de ces médecines.

Doctors Against Animal Experiments Germany ou bien encore Antitode Europe, comité scientifique pour une science responsable, proposent également des alternatives à l'expérimentation animale. L'Union européenne soutient par ailleurs différents projets de recherche visant au développement de méthodes alternatives à l'expérimentation animale. Cependant, sur le site de la Commission européenne, plusieurs communiqués et avis stipulent qu'il n'est pas possible de bannir complètement les tests sur les animaux, mais que les bénéfices espérés doivent se révéler supérieurs au mal causé à l'animal. Des penseurs affirment avec Peter Singer[1] qu'ils font preuve de discrimination envers les animaux, sur le seul critère de l'espèce, puisque chiens, chats, rats... sont capables de comprendre ce qui leur arrive et d'éprouver la même douleur.

La question animale soulève de vifs débats, parfois au-delà de la raison. Toucher à l'assiette crée des tensions qui vont jusqu'à la végéphobie. En plus d'une opposition idéologique (souvent inconsciente), des intérêts économiques sont aussi à prendre en compte. Mais nos sociétés sont capables d'évoluer, d'assurer une transition vers d'autres sources et modèles économiques. La question du bien-être animal est de plus en plus évoquée et certains défendent une production « éthique », un mode d'élevage et d'abattage plus respectueux des animaux. Mais est-il moralement acceptable de commettre un mal non nécessaire ?

Pour la plupart des véganes – et c'est ma vision –, l'abolition des abattoirs est la seule solution. Il n'existe pas de bonne façon de

1. Peter Singer, *La Libération animale*, traduit de l'anglais par Louise Rousselle, Payot, coll. « Petite Bibliothèque Payot », 2012, p. 184.

tuer, la finalité reste la même et la violence demeure. Nous devons repenser notre société dans sa globalité en y intégrant les intérêts des animaux, mais l'évolution, c'est aussi ça : s'adapter aux changements et tendre vers plus de justice. Cela ne se fera pas en un jour, mais il faut l'envisager dès à présent et réfléchir au monde que nous souhaitons bâtir demain.

3 POUR LA SANTÉ

Rien ne peut être aussi bénéfique à la santé humaine et augmenter les chances de survie de la vie sur terre que d'opter pour une diète végétarienne.

Albert Einstein

Les risques sanitaires de l'élevage

Au-delà de l'éthique animale et de la préservation de l'environnement, un autre enjeu majeur pèse sur les espèces de la planète à cause des élevages : les pandémies. Les antibiotiques, de plus en plus utilisés dans les élevages industriels, ne sont pas sans conséquence sur la santé animale, mais aussi humaine. La moitié des antibiotiques produits dans le monde sont destinés aux animaux d'élevage. Des cachets automatiquement ajoutés à la nourriture des bêtes pour prévenir les maladies, les faire grandir plus vite. L'Union européenne interdit depuis 2006 l'utilisation des antibiotiques administrés pour améliorer la croissance des animaux, pourtant, cette pratique est toujours courante, sous couvert de traitement préventif de maladies. Certains antibiotiques permettent une meilleure assimilation des aliments et engraissent ainsi les animaux plus vite.

Le manque de défense immunitaire des animaux d'élevage du fait de leur vie difficile ainsi que les conditions de promiscuité dans lesquelles ils vivent favorisent les contagions. L'utilisation de faibles doses d'antibiotiques ajoutées régulièrement à l'eau et à la nourriture des animaux rend les bactéries résistantes aux antibiotiques. Salmonelle, campylobacter et Escherichia coli (E. Coli) – bactérie qui a notamment fait parler d'elle en août 2015 avec le scandale des matières fécales dans les steaks hachés aux États-Unis – sont devenues « multirésistantes » et à l'origine de maladies difficiles à traiter.

DES CHIFFRES CLÉS[1] :

Plus de 75 % des poulets d'élevage en Europe sont porteurs de la campylobacter, une bactérie responsable d'infections intestinales.

25 000 décès par an en Europe seraient imputables aux « super-bactéries » qui ont résisté aux traitements des patients[2].

De plus, ces nouvelles bactéries sont capables de transmettre leur antibiorésistance à d'autres bactéries. Des maladies aujourd'hui facilement soignées pourraient redevenir incurables telles la typhoïde, la tuberculose, la méningite, la diphtérie... Les bactéries se transmettent des animaux vers l'homme par contact direct, par la consommation de produits issus des animaux, par le fumier dans les eaux et les sols, puis de personne à personne. Elles présentent aussi un risque pour les animaux sauvages et de compagnie.

Afin de lutter contre ce phénomène et grâce à des slogans forts comme « les antibiotiques, c'est pas automatique », la consommation humaine de médicaments a baissé en France de 16 % entre 2000 et 2009[3] tandis que celle des animaux diminuait de 15,7 %

1. Site : ciwf.fr/impacts-elevage-industriel/votre-sante/
2. European Centre for Disease Prevention and Control, *The Bacterial Challenge: Time to React*, septembre 2009.
3. Dossier « Résistances aux antibiotiques » de l'Institut national de la santé et de la recherche médicale.

entre 2008 et 2013[1], mais la consommation d'antibiotiques « plus forts » a doublé, comparée à 1999. Virus porcin H1N1, grippe aviaire H5N1… les élevages n'ont pas fini de « créer » de nouveaux virus.

En revanche, pas de virus de la lentille ou de la tomate à l'horizon. Oui, mais les protéines ? Il faut s'en préoccuper, non par peur d'en manquer, mais bien par peur d'en surconsommer, même en adoptant un régime végétalien, comme nous le verrons dans la partie suivante consacrée à l'alimentation.

Prévenir les risques de maladies

The China Study (*L'Enquête Campbell*[2]), publié en 2005 par le professeur américain en biochimie nutritionnelle T. Colin Campbell et son fils Thomas M. Campbell, présente, avec plus de 750 références scientifiques, une vaste étude sur le lien entre alimentation et santé. Il y est notamment recommandé un régime alimentaire à base de végétaux complets accompagné d'une réduction de la consommation de viande et de lait. L'augmentation du nombre de maladies chroniques semble, en effet, en corrélation directe avec l'augmentation de la consommation de produits animaux depuis le milieu du XXe siècle. D'autres recherches montrent qu'il est non seulement recommandé de réduire la consommation de produits laitiers et de viande, mais qu'il est aussi tout à fait possible de vivre en les éliminant totalement de son régime alimentaire.

Une alimentation végétalienne implique des aliments moins transformés, moins d'additifs puisque certains sont issus des animaux, moins de matières grasses saturées et de mauvais cholestérol. Les végétaliens se nourrissent de fruits, de légumes, de céréales et de légumineuses (lentilles, soja, haricots…).

1. Agence nationale de sécurité sanitaire, Suivi des ventes de médicaments vétérinaires contenant des antibiotiques en France en 2013, octobre 2014.
2. Préface de Jérôme Bernard-Pellet, Howard Lyman, John Robbins, traduit de l'anglais par Annie J. Ollivier, éditions Les Arènes, 2013.

Contrairement aux craintes des omnivores, les véganes auraient tendance à être en meilleure santé qu'eux. Ils s'informent sur l'alimentation, surveillent leurs taux de vitamines et minéraux avec des prises de sang (parfois plus pour rassurer leur entourage qu'eux-mêmes) et consomment sans soucis les fameux cinq fruits et légumes par jour préconisés. De plus, de nombreuses études font le lien entre régime carné et maladies cardiovasculaires, ainsi qu'avec certains cancers. Les docteurs et diététiciens du Physicians Committee ont ainsi établi en mai 2015 une liste de six recommandations pour réduire le risque lié à certains cancers.

LES 6 RECOMMANDATIONS POUR PRÉVENIR LES CANCERS :

- limiter les produits laitiers pour réduire les risques de cancer de la prostate
- limiter l'alcool pour réduire les risques de cancer de la bouche, du pharynx, du larynx, de l'œsophage...
- éviter les viandes rouges, ou transformées, pour limiter les cancers du côlon, du rectum
- éviter les viandes grillées, frites ou rôties pour réduire les risques de cancer du sein, de la prostate, du rein, du pancréas
- consommer des produits à base de soja contre le cancer du sein
- manger davantage de fruits et légumes pour prévenir divers cancers

L'apport excessif en acides gras saturés (principalement présents dans la viande, les œufs et les produits laitiers), en cholestérols, en sucres rapides, est également source de maladies cardiovasculaires (2e cause de décès en France après les cancers) et de diabète (4e cause de décès). Notre société vit une situation de malnutrition avec près de 2 milliards de personnes en surpoids dans le monde et plus de 285 millions de diabétiques.

L'OMS a déchaîné les passions en publiant, fin octobre 2015, un rapport classant la viande rouge et la charcuterie comme possiblement cancérogène. Les professionnels de santé ont donc tout intérêt à préconiser un régime faisant la part belle aux fruits, légumes, céréales et légumineuses plutôt qu'aux produits issus de l'exploitation animale.

L'AVIS D'UN SPÉCIALISTE EN ALIMENTATION VÉGÉTALE[1]

«On ne débat pas assez du fait que l'alimentation occidentale est excédentaire en protéines, glucides, lipides et déficitaire en vitamines C, D, B9 et en fibres, entre autres, constate le Dr Jérôme Bernard-Pellet, médecin nutritionniste et cofondateur de l'APSARes. On n'en parle pas parce que c'est le régime alimentaire majoritaire, alors que les médecins se montrent très exigeants par rapport à l'alimentation des végétaliens. Ce n'est pas rationnel car, c'est le résultat final qui importe. Les faiblesses de l'alimentation végétalienne sont compensées par ses points forts qui permettent l'augmentation de l'espérance de vie par rapport aux omnivores.»

En France, des recommandations fondées sur des préjugés

L'Institut national de prévention et d'éducation sur la santé (INPES) met les Français en garde contre les dangers du régime végétalien, notamment dans son guide *Nutrition pour les ados* : « Ne suis surtout pas ce régime, tu aurais de graves déficiences non seulement en protéines, mais aussi en fer et en calcium ! » D'une façon générale, le Programme national nutritionnel de santé (PNNS) français est défavorable à un régime végétarien et surtout végétalien[2], ce qui n'est pas le cas des recommandations d'autres institutions officielles en Occident, comme l'Académie de nutrition et de diététique américaine, l'Association américaine de

1. Interview de Jérôme Bernard-Pellet du 24 septembre 2015.
2. Voir l'article du site Initiative citoyenne pour les droits des végétariens, site : icdv.info/index.php?post/2011/08/21/Les-biais-du-PNNS.

diététique et des diététiciens du Canada, l'École de santé publique de Harvard ou l'Organisation mondiale de la santé.

Ainsi, l'académie américaine a déclaré que « les alimentations végétariennes (y compris végétaliennes) bien conçues sont bonnes pour la santé, adéquates au plan nutritionnel et peuvent être bénéfiques pour la prévention et le traitement de certaines maladies. [...] Les alimentations végétariennes bien conçues sont appropriées à tous les âges de la vie, y compris pendant la grossesse, l'allaitement, la petite enfance, l'enfance et l'adolescence, ainsi que pour les sportifs ».

Dans ses guides, l'INPES « oublie » de citer les sources végétales de calcium, alors que 70 % de la population serait intolérante, à différents degrés, au lactose. L'École de santé publique de Harvard écrit quant à elle que : « le calcium est important, mais le lait n'en est pas la seule source, ni la meilleure ». Les catégories « viande, poisson, œuf » du PNNS ne sont également pas employées par les autres institutions qui préfèrent une catégorie regroupant les aliments riches en protéines et comprenant donc également le soja, les légumes secs, les oléagineux... Ainsi, le guide nutritionnel canadien recommande de consommer souvent des substituts de viande comme des légumineuses ou du tofu.

LE POINT DE VUE DE LA SUISSE

Les recommandations évoluent petit à petit. La Société suisse de nutrition consacre une fiche à l'alimentation végétarienne. Si elle se montre encore peu favorable à un régime végétalien, notamment pour les femmes enceintes, enfants et personnes âgées, en affirmant qu'il faut de vastes connaissances nutritionnelles, elle propose tout de même dix pages de recommandations incluant les sources végétales de fer, calcium, zinc, etc.

Les conseils alimentaires de l'INPES se bornent à entretenir le carnisme et ne donnent aucun conseil d'équilibre alimentaire pour les végétariens, végétaliens (ni même pour les intolérants au lactose), si ce n'est de prendre un complément en fer (ce qui ne se révèle pas absolument nécessaire). Cette position est aujourd'hui dépassée et s'avère irresponsable vis-à-vis des personnes souhaitant devenir végétariennes ou végétaliennes, car il y a encore peu de professionnels en France vers qui se tourner sans crainte d'être jugé. Une mauvaise information peut effectivement entraîner des risques pour la santé, comme un carniste ne variant pas son alimentation peut avoir des carences ou une surconsommation d'acides gras saturés. J'ai la chance d'avoir un médecin végétarien qui ne s'est pas du tout inquiété de mon changement d'alimentation.

Des intérêts économiques en jeu

Les intérêts économiques peuvent interférer avec les intérêts de santé publique. De nombreux nutritionnistes médiatisés ont signé des contrats avec des entreprises privées telles que Nestlé ou Danone. Peuvent-ils donner une information objective ? Même les politiques publiques ne sont pas exemptes de ces conflits d'intérêts.

DES SUBVENTIONS DÉNONCÉES

L'APRIFEL, Agence pour la recherche et l'information en fruits et légumes, déclare dans sa newsletter d'août 2015 : « Dans l'UE, sur les 40 milliards alloués au secteur agricole, moins de 3 % sont attribués au secteur des fruits et légumes alors que ce dernier constitue près de 18 % de l'ensemble de la production agricole annuelle de l'UE. » Des subventions bien faibles quand on sait qu'en Europe, au cours de la dernière décennie, la consommation de fruits et légumes frais est en baisse (1 portion de fruits et légumes par personne et par jour, environ). De plus, des études révèle que l'accès aux fruits et légumes, aux États-Unis et en Europe, n'est pas équitable entre les populations par rapport aux produits moins sains.

Pour le médecin-nutritionniste Jérôme Bernard-Pellet que j'ai interviewé en septembre 2015, cela montre que la politique de subventions menée en Europe est en contradiction avec les conseils diététiques officiels. « C'est l'art de faire en pratique le contraire de ce qu'on prétend faire officiellement. On voit la perversité de nos dirigeants dans toute sa "splendeur". Une fois de plus, la santé publique est sacrifiée sur l'autel de certains intérêts économiques, mais pas tous (pas sur l'autel des intérêts économiques des membres de l'APRIFEL, par exemple) et les subventions sont accordées contre l'intérêt général. »

Des études, toujours plus nombreuses, démontrent les bénéfices de cette alimentation à l'heure où le taux de maladies cardiovasculaires, de diabètes et de cancers explose, directement imputables à notre mode de vie. Certains pointent du doigt les risques de carences du régime végétarien et végétalien. Ceux-ci sont liés à un manque d'information, à un mauvais équilibre alimentaire, au même titre qu'un omnivore peut manquer de magnésium, de vitamine D faute d'une exposition suffisante au soleil, de fer...

Personnellement, je me sens bien et mes prises de sang révèlent un bon taux de cholestérol, de fer et une glycémie en baisse, c'est rassurant quand on sait sa famille sujette au diabète !

Il apparaît moins nécessaire de se remettre en question quand on pratique le régime alimentaire le plus courant. Cela ne veut pourtant pas dire qu'il est le meilleur et la seule option. La partie suivante reviendra particulièrement sur les apports nécessaires dans une alimentation végétalienne, par exemple en fer, en calcium et en vitamine B12.

4 LE VÉGANISME À TRAVERS L'HISTOIRE : UNE PHILOSOPHIE À L'ÉPREUVE DU TEMPS

Révoltons-nous contre l'ignorance, l'indifférence, la cruauté, qui d'ailleurs ne s'exercent si souvent contre l'homme que parce qu'elles se sont fait la main sur les bêtes.

Marguerite Yourcenar

L'engagement végane pour les animaux n'a rien de nouveau. La reconnaissance de la conscience et de la sensibilité des animaux a déjà été la préoccupation des philosophes antiques. Cela ne peut que nous conforter dans notre choix.

L'histoire du véganisme est liée à celle du végétarisme, aux philosophes et écrivains qui ont marqué des courants de pensée au fil de l'histoire, puis à la création d'associations plus récemment. Au-delà de la non-consommation de viande et autres produits animaux, selon les mouvements, l'histoire du végétarisme dévoile des débats qui portent sur le respect animal, l'espèce humaine, sa place dans l'univers, sa nature, ses devoirs... À travers cette histoire, ce sont deux visions du monde qui s'affrontent : l'idéologie carniste et l'idéologie végane.

Afin de comprendre les implications des mouvements végétariens et anti-végétariens à travers les siècles, nous avons échangé, en septembre 2015, avec Renan Larue, auteur du *Végétarisme et ses ennemis*[1], spécialiste de l'histoire du végétarisme. « La connaissance du passé permet de mieux comprendre ce qui se passe aujourd'hui, explique-t-il. Pour les véganes, c'est aussi un moyen de renforcer les liens au sein de leur communauté, c'est un moyen d'être fiers de cette histoire qui leur est commune alors qu'ils ne

1. *Le Végétarisme et ses ennemis. Vingt-cinq siècles de débats*, PUF, 2015.

parlent pas la même langue, ne vivent pas dans les mêmes pays, n'ont pas la même origine culturelle et n'appartiennent pas aux mêmes milieux. Les véganes ne sont pas des êtres étranges. Cela fait vingt-six siècles que les grands philosophes réfléchissent à la question. Les moqueries que nous subissons aujourd'hui, ils les ont subies au XIXe, au Moyen Âge – ça allait jusqu'au bûcher –, dans l'Antiquité... »

Le jaïnisme et le tabou alimentaire en Inde

Le végétarisme serait apparu très tôt, de 2 500 à 1 700 avant notre ère dans la vallée de l'Indus avec le jaïnisme. Cette religion se serait développée grâce aux enseignements des vingt-quatre Tirthankaras, l'équivalent des prophètes dans d'autres religions, dont le dernier était Mahâvira (599-527 avant notre ère). C'est aujourd'hui un culte mineur de l'Inde, mais, à cette époque, il aurait compté des adeptes parmi des empereurs et des rois.

Le jaïnisme repose sur un principe de non-violence, l'Ahimsâ, et même d'altruisme envers tous les êtres vivants, y compris donc les animaux, mais aussi les plantes. Les jaïns croient en la réincarnation, celle-ci étant conditionnée par le karma, attaché à l'âme. Ils ne croient pas en une divinité, le seul état divin est celui d'une âme ayant réussi à briser son karma et à rompre le cycle des réincarnations, grâce à une vie ascétique et non violente.

Afin de respecter la vie, les adeptes refusent la viande, le poisson, mais aussi le miel, les œufs. Ils veillent à ne pas écraser les insectes, certains portent un masque devant leur bouche pour ne pas en avaler par erreur, ils ne mangent ni ne boivent la nuit pour éviter que des insectes ne se brûlent sur le feu ou bien encore ils ne cultivent pas, car le labour peut faire souffrir les animaux présents dans la terre. Dans cette optique de préservation de la vie, ils évitent le gaspillage, prennent les fruits dans l'idéal déjà tombés des arbres et ils jeûnent pour réduire leur consommation[1].

1. Nakos Jean, « Le jaïnisme et les animaux », *Les Cahiers antispécistes*, n° 32, mars 2010.

UNE CONSOMMATION EN FONCTION DES SENS

Les jaïns se nourrissent principalement de végétaux. Ceux-ci souffriraient moins que les êtres vivants «mobiles», n'ayant pour seul sens que le toucher. En effet, les jaïns classent les différents êtres vivants selon leurs sens. Ainsi, les plantes font partie des formes de vie les plus «faibles» avec un seul sens. Les formes plus évoluées (humains, la plupart des animaux) possèdent les cinq sens. Entre deux, les jaïns classent des formes de vie ayant deux sens (le toucher et le goût) tels que les vers de terre, trois sens (toucher, goût et odorat) comme les poux, et quatre sens (toucher, goût, odorat et vue) tels les moustiques.

En revanche, les jaïns consomment du lait, en veillant à ce que le veau ait un tiers de la production[1].

L'Ahimsâ est également défendue par l'hindouisme et le bouddhisme qui s'est répandu en Chine et au Japon. Siddhārtha Gautama (vers 563-483 avant notre ère), alias Buddha, est, en effet, connu pour son végétarisme.

En Inde, ce sont surtout les brahmanes, l'une des quatre castes en Inde qui regroupe notamment les prêtres, les sacrificateurs, les professeurs et les hommes de loi, qui pratiquent le végétarisme. Les membres des autres castes le pratiquent parfois, mais de façon moins scrupuleuse. Il existe cependant un tabou pour toutes les castes, celui de la chair des vaches et des buffles. L'origine de ce tabou est assez floue. Le Véda, un ensemble de textes anciens qui forme la base de la littérature indienne, ne semble pas mentionner la vache comme un animal sacré, elle y est même sacrifiée plusieurs fois. Les lois de Manu interdisent aux brahmanes de consommer de la chair animale (celui qui le ferait serait condamné à être mangé par ce même animal dans une autre vie), mais d'autres passages séparent les animaux en deux

1. Pushpendra K. Jain, *Dietary Code of practise amongst Jains*, 34e congrès mondial végétarien, Toronto, Canada, juillet 2000.

groupes : ceux que l'on peut manger et les autres. Il semblerait que l'interdit se soit fixé au IVe siècle[1] jusqu'à devenir une doctrine de plus en plus importante.

Le végétarisme des Anciens

En Europe, dès le VIe siècle avant notre ère, les disciples d'Orphée, qui croyaient probablement en la transmigration des âmes (la réincarnation de l'âme dans un autre corps humain ou non), s'abstiennent de viande. Pour que le végétarisme se fasse réellement connaître, il faut attendre Pythagore vers 530 avant notre ère. Si celui-ci est surtout connu par tous les élèves à travers son théorème du triangle rectangle, il était aussi un philosophe grec dont les pensées persistèrent à travers son école pythagoricienne. Nous ne possédons que des récits de seconde main concernant Pythagore qui n'a pas laissé d'écrit.

« L'argument qui revient systématiquement pour expliquer le refus de la consommation de viande est la pitié pour l'animal, souligne Renan Larue, lors de notre entretien. Les pythagoriciens seraient également les inventeurs de la diététique. Le régime végétal convenait en effet parfaitement à la vie intellectuelle et contemplative car il permettait d'étouffer les passions basses, les passions du corps. L'autre argument que l'on retrouve associé aux pythagoriciens est celui de la métempsycose. Ils expliquaient ainsi qu'après la mort, l'âme pouvait habiter le corps d'un autre être humain ou d'un animal. Pythagore refuse également de porter de la laine et du cuir, préférant confectionner ses chaussures avec de l'écorce. Son mode de vie est donc proche de celui des véganes d'aujourd'hui qui ont tout de même la chance d'avoir d'autres options que le bois pour se chausser !

1. Brown W. Norman, « La vache sacrée dans la religion hindoue », *Annales. Économies, Sociétés, Civilisations*. 19e année, n° 4, 1964. p. 653.

UN ENGAGEMENT POLITIQUE

Être végétarien durant l'Antiquité, cela implique aussi de refuser les sacrifices sanglants couramment perpétrés pour les dieux et souvent suivis d'un banquet. Cela revient à remettre en cause les fondements religieux, mais aussi politiques et la place attribuée traditionnellement à l'Homme dans la nature durant l'Antiquité. Les contemporains des pythagoriciens ne manquent pas de se moquer d'eux, comme l'attestent des fragments de pièces comiques écrites autour du IVe siècle[1]. Mais les végétariens se mettent également en danger face aux autorités religieuses et politiques. Ainsi Tibère déclare que l'abstinence de viande est superstitieuse et interdite à Rome, contraignant le jeune Sénèque (– 4 avant notre ère à 65) à y renoncer après un an de végétarisme.

Empédocle (ve siècle avant notre ère)[2], Théophraste (–371 à –288), Ovide (– 43 à 17 ou 18), ou bien encore Apollonius de Tyane (16 à 97 ou 98), Plutarque (46 à 125) avec son *De esu Carnium*, Porphyre (234 à 305) avec *De l'abstinence*, sont autant de végétariens antiques célèbres.

L'alimentation occupe une place importante dans la philosophie antique, elle permet en effet de distinguer le philosophe de l'homme ordinaire. Si d'autres écoles adoptent aussi un régime végétarien, les pythagoriciens sont critiqués, notamment par les stoïciens, pour leurs motivations morales à adopter une telle alimentation. Les principaux arguments des carnistes reposent sur la religion (les dieux veulent des sacrifices), la diététique (c'est bon pour la santé), et l'écologie (les animaux vont proliférer et envahir les cités).

1. Renan Larue, *Le Végétarisme et ses ennemis. Vingt-cinq siècles de débats*, *op.cit.*, pp. 32-34.
2. Son végétarisme se fonderait sur une éthique forte autour du devoir de justice pour tous les êtres vivants, une éthique à portée universelle (homme et femme) et qui viserait à une communauté universelle qui inclurait tout ce qui vit. Jean-François Balaudé, *L'Animal dans l'Antiquité*, Librairie philosophique J. Vrin, 1997, p. 46.

Si le régime végétarien est l'apanage du philosophe, le peuple le pratique par nécessité, la viande étant une denrée luxueuse. Aux IIe et IIIe siècles, les gladiateurs romains se seraient nourris principalement de protéines végétales, comme les haricots, et buvaient des boissons énergisantes à la cendre[1]. Comme quoi, il n'y a pas que la viande qui rend fort.

Être végétarien n'est pas très chrétien

« À la fin de l'Antiquité, on assiste au triomphe du christianisme, constate Renan Larue. Un dieu raisonnable a créé l'univers tout entier (les vaches, les cochons, les arbres...) pour une seule espèce, créée à son image : l'être humain. Le mouvement végétarien recule alors dans sa dimension morale et religieuse, mais se développe du côté ascétique. »

Le végétarisme va en effet alors être pratiqué pour affaiblir le corps et dompter les passions. C'est le cas pour les prêtres, mais aussi les fidèles, avec un calendrier alternant jours gras et maigres où le fromage, les œufs et les viandes sont exclus, mais le poisson autorisé. Cela représente presque 1 jour sur 3 de l'année. De plus, la viande est un mets coûteux que le peuple ne peut s'offrir que rarement.

Si dans la Bible Adam et Ève sont présentés comme végétaliens (« Voici que je vous donne toute herbe portant semence à la surface de toute la terre, et tout arbre qui porte un fruit d'arbre ayant semence ; ce sera votre nourriture[2] »), leurs descendants ne semblent plus l'être. Après le Déluge, Yahvé encourage même la consommation d'animaux : « Tout ce qui se meut et qui a vie vous

1. Lucie de la Héronnière, « Les gladiateurs étaient principalement végétariens et buvaient des boissons énergisantes à la cendre », *Slate.fr*, d'après une étude publiée en octobre 2014 par Sandra Lösch, Negahnaz Moghaddam, Karl Grossschmidt, Daniele U. Risser, Fabian Kanz. Site : www.slate.fr/story/93985/gladiateurs-vegetariens

2. Genèse, I, 28-29.

servira de nourriture ; je vous donne tout cela comme je vous ai donné l'herbe verte[1]. »

L'Église condamnera le végétarisme moral au Moyen Âge en envoyant les Cathares au bûcher. Un des signes de leur hérésie était notamment leur répugnance à faire souffrir les animaux. Les Cathares, aussi nommés parfaits, croyaient en la métempsycose et ne consommaient ni viande, ni lait, ni œuf. Ils consommaient néanmoins du poisson et n'étaient donc pas des végétariens au sens strict.

JUDAÏSME ET VÉGANISME

La position juive se distingue de la position chrétienne. Il existe en effet dans cette dernière une mitzva, une loi, qui interdit de faire souffrir un animal. Du *tsaar baalei hayim* découlent plusieurs principes : celui qui sacrifie un animal doit le faire avec le moins de souffrance possible, il est interdit de blesser et de s'amuser à faire souffrir un animal, il est interdit de chasser, il est interdit de se nourrir avant d'avoir nourri ses animaux, il est interdit de séparer à la naissance le petit de sa mère, il est interdit de castrer un animal... Le judaïsme ne prône pas directement le véganisme, mais il se montre en général plus ouvert à ces questions que le christianisme. « La théologie juive est compatible avec le respect animal, conclut Renan Larue. Cela explique sans doute qu'Israël compte la plus grande proportion de végétariens et de véganes et que le mouvement se développe rapidement là-bas. »

CORAN ET VÉGANISME

Al-Hafiz B. A. Masri explique, en 1989, dans son ouvrage *Les Animaux en Islam*, que dans le Coran, il n'y a aucune injonction à manger ou non de la viande. Cependant, plusieurs passages montrent que les animaux sont liés à Dieu par la même communication

1. Genèse, IX, 1-3.

que les humains : wahi. L'homme doit prendre soin de son troupeau comme de lui-même (Coran 79 : 31-33) et la souffrance des animaux doit être évitée en toutes circonstances. Des adeptes du soufisme, une vision ésotérique et ascétique de l'Islam, ont été végétariens comme Chishti Inayat Khan (1882-1927), Shaykh Bawa Muhaiyaddeen (aux alentours de 1900 – 1986) qui n'a pas autorisé les produits d'origine animale dans sa confrérie, ou bien encore Rabi'a al-Adawiya à la fin du VIIIe siècle. Mais, certaines interprétations du Coran tendent à considérer les animaux comme étant au service des humains.

Après le Moyen Âge, la Renaissance ne semble pas non plus une période particulièrement propice au végétarisme, bien que l'on puisse compter Léonard de Vinci (1452-1519) parmi les végétariens célèbres, connu également pour acheter des oiseaux en cages afin de les libérer.

Les Lumières et les fondements de l'éthique animale

« C'est à la fin du XVIIe siècle en Angleterre et en France que l'on voit ressurgir le végétarisme parce que l'Église perd de sa puissance et que les sensibilités progressent », explique Renan Larue.

La chasse, encore glorifiée quelques décennies plus tôt, se voit critiquée par les philosophes des Lumières, tels Voltaire, Rousseau ou bien encore Condorcet. Les animaux de compagnie sont de plus en plus présents au sein des foyers, montrant un intérêt croissant pour les bêtes qui sont choyées dans les familles aristocratiques, mais aussi chez celles qui ont du mal à se nourrir elles-mêmes. Le spectacle de la souffrance crée un malaise grandissant. Les viandes sont présentées de façon à faire oublier l'animal mort et les abattoirs seront déplacés sous Napoléon Ier hors des murs de la capitale.

Dans le *Discours sur l'origine et les fondements de l'inégalité*, l'une des grandes thèses de Rousseau avance que l'Homme à l'état de nature est un frugivore (se nourrit de fruits) et qu'il est « naturellement bon ». Il est donc « compatissant et sensible » et n'a pas l'anatomie d'un carnassier. Mais le philosophe va plus loin, il fonde l'éthique animale en faisant de la capacité à souffrir le fondement du critère d'attribution des droits. Son végétarisme, au moins théorique, crée des émules tels Bernardin de Saint-Pierre, Gaspard de Beaurieu, Delisle de Sales, Roucher, mais aussi des lecteurs qui suivent les préconisations de son traité sur l'éducation telle Alix de Lamartine qui élèvera son fils, Alphonse, en végétarien, comme l'attestent *Les Confidences* du poète (1849).

Voltaire est un autre fervent défenseur du végétarisme. Pour lui, placer métaphysiquement les êtres humains au-dessus des autres espèces n'a pas de sens. Il affirme que nos facultés, ou plutôt certaines de nos facultés, sont un peu plus développées que celles des animaux : il y a donc une différence de degrés entre les nôtres et les leurs, mais pas une différence de nature. S'appuyant sur les propos de John Locke dans son *Essai sur l'entendement humain* (1690), le philosophe s'interroge sur les capacités cognitives des individus en fonction de leur âge (les nouveau-nés, par exemple) ou liées aux maladies. Ces capacités apparaissent en de pareils cas plus faibles que celles des animaux, sans pour autant que l'on refuse à ces individus le statut d'êtres humains et sensibles.

On peut noter un véritable engouement pour le régime végétarien dans les années qui précèdent la Révolution. Cela suscite de vives réactions, comme celle de La Harpe, écrivain et critique, qui défend une vision chrétienne du monde où les animaux sont soumis aux Hommes. Il avance également un argument écologique semblable à celui des Anciens : les espèces animales se multiplieraient si nous ne les mangions pas et elles envahiraient la Terre.

« La dimension éthique est importante à cette époque. On peut dire que le végétarisme moral en France est né au XVIIIe siècle et ce sont les "héros" des Lumières qui parlent le plus de végétarisme », conclut Renan Larue.

De la Vegetarian Society à la Vegan Society

Outre-Manche, le végétarisme fait aussi des émules et cela même quelques années avant la France. Les époux Shelley et Lord Byron sont des figures emblématiques du végétarisme anglais au XIXe. Les Sociétés protectrices des animaux et les ligues anti-vivisection se développent, ces dernières en lien avec les mouvements féministes.

Le terme « vegetarian » est créé vers 1830 et la Vegetarian Society est fondée en 1847. Suite à des dissensions, une seconde association est créée en 1888 : The London Vegetarian Society qui connaîtra comme membre du comité Mahatma Gandhi, tandis que la Vegetarian Society pourra s'enorgueillir de compter le critique et dramaturge George Bernard Shaw parmi ses membres.

Un siècle plus tard, le fromage et les œufs suscitent des débats mouvementés parmi les membres de la Vegetarian Society. En novembre 1944, Donald Watson et Elsie Shrigley créent un nouveau mot pour désigner les végétariens qui refusent également de consommer des produits laitiers et des œufs et lancent leur propre mouvement avec la Vegan Society. Ils boycottent aussi les entreprises utilisant les animaux comme des moyens.

L'éthique animale aujourd'hui

L'éthique animale s'est développée dans la seconde moitié du XXe siècle avec Peter Singer, Tom Regan et Gary Francione. Si des clivages et des débats existent entre les chercheurs de cette discipline, un consensus est à relever : l'homme ne devrait pas infliger de souffrance aux animaux sans nécessité. L'éthique animale reste encore peu représentée en France et s'est développée plus tardivement, contrairement au Québec.

LE SPÉCISME

Le terme spécisme est apparu pour la première fois en 1970 dans une brochure contre l'expérimentation animale écrite par le psychologue britannique Richard Ryder. Construit en analogie au racisme et au sexisme, il désigne la discrimination selon l'espèce. Le spécisme implique de considérer les êtres humains comme supérieurs aux animaux, ce qui nous autorise à les exploiter et à les manger, mais aussi à distinguer les animaux entre eux en fonction de leur prétendue utilité ou fonction : animaux de compagnie, animaux pour la consommation… Le carnisme est donc un sous-ensemble du spécisme (il concerne la consommation de viande), au même titre que le machisme est un sous-ensemble du sexisme.

L'antispécisme, son contraire, considère ainsi que l'espèce à laquelle un individu appartient ne donne aucun droit, aucune supériorité sur les autres espèces, tout comme les origines ou le sexe.

En 1975, Peter Singer publie *La Libération animale*, un ouvrage traduit dans une quinzaine de langues et vendu à plusieurs millions d'exemplaires. Le philosophe australien fait de la sensibilité le critère de l'éthique animale. Pour Singer, les intérêts des humains et des animaux sont égaux, ce qui n'implique pas une égalité de traitement pour autant, les animaux ayant des intérêts différents. Dans sa vision utilitariste, la moralité d'une action est calculée en fonction de ses conséquences : il est évident que l'élevage crée plus de douleurs que de bien-être dans le monde, la consommation de viande est donc immorale. Peter Singer est critiqué dans la communauté végane, car il serait trop modéré en défendant une position welfariste qui consiste à accepter des évolutions sur les conditions d'élevage (cage plus grande, conditions d'abattage « plus humaines », etc.) au lieu de prôner l'abolition, avec notamment la fermeture des abattoirs.

À la vision utilitariste de Peter Singer s'oppose la théorie des droits de Tom Regan. Le philosophe américain refuse toute discrimination et la justification de bons résultats en ayant recours à des moyens mauvais qui violeraient les droits d'un individu, ce qui inclut les animaux non humains. Il publie en 1983 *Les Droits des animaux* où il présente les animaux comme « sujets d'une vie », des êtres conscients, jouissant de facultés cognitives, qui ont « une vie à mener » et qui par là même devraient bénéficier des mêmes droits que les humains. Abolitionniste, il reconnaît cependant le travail des associations welfaristes sur la sensibilisation du public. Si Singer et lui ont un désaccord profond, ils en arrivent tout de même à la même conclusion : un mode de vie végane est nécessaire.

Gary Francione, philosophe et juriste abolitionniste américain, partage la vision de Tom Regan, à la différence qu'il soutient que, en dehors de toute considération de leurs facultés cognitives, le simple fait que les animaux soient des êtres sensibles, capables de souffrir, est suffisant pour inclure les animaux dans le cercle de la justice. Il demande ainsi un statut juridique de « personnes » et non plus de « biens » pour les animaux.

ÊTRE ABOLITIONNISTE

Un abolitionniste, contrairement au welfariste, ne cherche pas à améliorer les conditions de vie et de mort des animaux d'élevage à travers la réglementation, il prône la fin de l'exploitation animale. La fin des élevages et des abattoirs ne se fera pas demain, mais les abolitionnistes refusent de promouvoir la «viande éthique» ou les «œufs de poules élevées en plein air» qui cachent les véritables enjeux en continuant d'utiliser les animaux comme des biens à notre disposition.

En France, Élisabeth de Fontenay, philosophe auteur du *Silence des bêtes* (1998), réclame non un droit des animaux, mais un devoir des humains envers eux. Présidente de la Commission enseignement de la Shoah de la Fondation pour la mémoire de la Shoah, elle n'hésite pas à comparer le génocide des juifs à celui des animaux dans l'élevage industriel. Elle n'est d'ailleurs pas la seule. L'écrivain Isaac Bashevis Singer, juif polonais expatrié aux États-Unis en 1935, établissait également ce lien dès les années 1970. Charles Patterson, historien spécialiste de la Shoa, a également publié en 2008 un ouvrage en ce sens : *Un éternel Treblinka*[1]. Élisabeth de Fontenay défend cependant une position spéciste et considère les antispécistes comme extrémistes. L'éthique animale française est également représentée par Florence Burgat, philosophe et chercheur à l'INRA, auteur notamment de *La Cause des animaux. Pour un destin commun*[2]. D'autres penseurs français font entendre leur voix, qu'ils soient philosophes professionnels ou non comme David Olivier philosophe français et fondateur des *Cahiers antispécistes* ou Yves Bonnardel, militant engagé contre toutes les formes de domination.

Le Québec compte, notamment, l'auteure Élise Desaulnier, le philosophe Frédéric Coté-Boudreau et quelques expatriés, comme le philosophe franco-canadien Martin Gibert, qui enseigne l'éthique et la philosophie du droit à Montréal. Son essai, *Voir son steak comme un animal mort : véganisme et psychologie morale*[3], s'intéresse au paradoxe de la viande. Dans le cadre de la rédaction de ce livre, nous l'avons rencontré afin qu'il présente son point de vue.

Pour lui, le véganisme est un humanisme, au sens d'un humanisme inclusif et non un humanisme exclusif prônant un suprématisme humain. « Il s'agit de ne pas accorder de dignité particulière à l'humanité ou à l'espèce humaine *en tant que telle*. Le critère moral n'est pas là. Il est dans la sensibilité[4]. » Il défend ainsi l'idée que notre empathie n'est pas limitée, elle peut s'exercer à l'égard des humains et des animaux et non au détriment des uns ou des autres. Il rejoint le propos de Matthieu Ricard, moine bouddhiste et docteur en génétique cellulaire, déjà évoqué précédemment[5].

1. Traduit de l'anglais par Dominique Letellier, Calmann-Lévy, 2008.
2. Buchet Chastel, coll. « Dans le vif », 2015.
3. Lux Éditeur, Montréal, 2015.
4. Martin Gibert, *op. cit.*, p. 174.
5. *Plaidoyer pour les animaux : vers une bienveillance pour tous*, Allary éditions, 2014.

LA DISSONANCE COGNITIVE

« Psychopathes mis à part, la plupart des gens aiment les animaux et ils sont horrifiés quand ils voient des images d'abattoirs. Ils ont une empathie spontanée à l'égard des autres êtres sensibles. Pourtant, en même temps, la plupart des gens consomment des animaux, une consommation qui suppose une exploitation qui implique énormément de souffrances », constate Martin Gibert. Pour expliquer ce phénomène, il parle de dissonance cognitive entre une croyance (les animaux sont des êtres sensibles capables de souffrir) et un comportement (consommer des animaux, ce qui implique de les faire souffrir). « Une situation de dissonance cognitive, c'est cet inconfort mental qui vient d'une tension entre deux croyances ou entre une croyance et un comportement. Du coup, le cerveau humain va chercher à tout prix à dissiper cette dissonance, souligne le philosophe. La stratégie la plus évidente consiste à arrêter de consommer des animaux, à changer son comportement. Mais ce que savent les chercheurs en psychologie, c'est qu'il y a plein d'autres façons d'atténuer la dissonance cognitive : en changeant certaines croyances ou en en ajoutant de nouvelles. Ça va du "peut-être que les animaux ne souffrent pas tant que ça, et donc s'ils ne souffrent pas tant que ça, ce n'est pas si grave de les manger" à l'autopersuasion avec des pensées consonantes du type : "je n'ai pas le choix", "j'en consomme finalement très peu", " il est naturel de manger de la viande", "je ne veux surtout pas ressembler aux personnes qui ont choisi de changer leur comportement alimentaire", etc. »

Militants et célébrités : le véganisme en expansion

Au-delà d'un intérêt grandissant de la philosophie pour les questions animales, le sujet se fait aussi de plus en plus présent dans les médias grâce aux militants véganes. Différents mouvements au sein du véganisme se sont créés au fil des années. La plupart sont pacifistes[1], certains mettent en place des actions « coup de poing » pour attirer les médias et secouer l'opinion publique.

L'Alliance végétarienne a été créée en 1994 et est aujourd'hui connue sous le nom d'Association végétarienne de France (AVF). L'ASBL Végétik (Belgique) se donne les mêmes buts que l'association française : informer les citoyens des problèmes engendrés par la surconsommation de produits animaux et les guider vers une alimentation végétale. Si ces associations ne sont pas véganes, elles tendent à communiquer sur ce mode de vie.

Tournage de films dans les abattoirs, libération d'animaux, manifestations… L214 éthique et animaux est une association bien connue en France et dans les pays francophones voisins, bien que fondée en 2008. En octobre 2015, leur enquête filmée dans les abattoirs d'Alès a été massivement partagée sur les réseaux sociaux et dans les médias[2] et plus récemment début 2016. On reproche à L214 d'être welfariste, certaines de ses actions en justice tiennent, en effet, plus de cette tendance, mais l'association revendique clairement l'abolition des abattoirs.

Un autre mouvement, né en Israël en 2012, compte un collectif en France et au Canada : 269 Life. En 2013, certains membres de ce mouvement se sont fait marquer au fer rouge, comme le bétail et, en septembre 2015, des hommes et des femmes se sont allongés dans la rue, couverts de sang, réalisant ainsi un « abattoir à ciel ouvert ».

Les véganes ont également leurs sites d'informations, leurs magazines et une littérature de plus en plus présente en librairie, à découvrir en annexe (voir p. 157). La présence grandissante

1. Seule grande exception connue : Animal Front Liberation, créé dans les années 1970 en Angleterre. Ce mouvement se présente comme écoterroriste, prêt à aller jusqu'à la lutte armée. Ses actions sont souvent illégales et ses membres risquent la prison en libérant des animaux.
2. Sébastien Arsac, cofondateur de L214, a été l'invité du Grand Journal de Canal + du 16 octobre 2015 ; Brigitte Gothière, cofondatrice et porte-parole de l'association, a été invitée sur le plateau du journal de BFMTV ; *Le Monde, Le Huffington Post, Le Figaro, Paris Match, Le Point, Les Échos*… plus de 400 articles et reportages ont relayé également cette enquête.

du véganisme dans la sphère publique s'explique aussi par sa revendication par des célébrités, en France, en Belgique, Suisse, au Canada et partout dans le monde, aussi bien dans le domaine du cinéma que du sport, de la mode ou encore du journalisme.

DEMAIN, UN MONDE VÉGANE?

Si un monde végane semble utopique et que peu de travaux existent concernant la forme que pourrait prendre cette société, des alternatives à notre mode de vie actuel se développent de plus en plus. Dans *Zoopolis : une théorie politique des droits des animaux*[1], les philosophes Will Kymlicka et Sue Donaldson envisagent une société végane et se demandent quelles relations nous entretiendrions avec les animaux. Ils réfléchissent au cadre juridique et politique d'une société qui intégrerait toutes les espèces. Ils proposent des pistes pour vivre avec les animaux répartis en trois catégories, selon les relations que nous entretenons avec eux : les animaux sauvages (existence indépendante dans des endroits non peuplés par les humains), «liminaux» (existence indépendante dans des endroits peuplés par les humains, comme les pigeons) et domestiques (qui forment une seule et même communauté avec la nôtre). Une vision novatrice qui appelle à se développer dans le futur.

Le philosophe Frédéric Côté-Boudreau s'est également intéressé à la question d'un point de vue économique. La transition d'une société entière entraînerait de forts changements, mais celle-ci ne se fera pas demain et l'économie aura le temps de s'adapter. La fermeture des abattoirs aurait pour conséquence du chômage, mais il est possible d'envisager une nouvelle économie, tout comme cela a été le cas quand nous avons mis fin à l'esclavage. «En réalité, il ne s'agit pas de faire *disparaître* au sens strict des emplois, mais bien plutôt de les *remplacer*», écrit le philosophe sur son blog en février 2016. L'argent des

1. Will Kymlicka et Sue Donaldson, *Zoopolis: A Political theory of animal rights*, Oxford University Press, 2011.

foyers irait dans une autre consommation (nourriture, loisirs...). Il envisage aussi la création de nouveaux emplois et une demande accrue pour des métiers aujourd'hui non valorisés : comportementalistes, des policiers (ils existent déjà à New York) et ambulanciers dédiés à la protection des animaux...

Les véganes européens constatent cependant que, même si la cause animale se fait de plus en plus présente dans la sphère médiatique, si de nouveaux restaurants véganes s'ouvrent à Paris, à Genève, à Bruxelles (et quelques-uns en province également), l'Europe est en retard comparée au Québec (et notamment Montréal) ou aux pays anglophones. Cependant, l'Allemagne avec ses 10 % de végétariens (ce qui comprend aussi les végétaliens et véganes) se démarque en proposant, par exemple, une chaîne de supermarchés véganes et une rue à Berlin surnommée la Vegan Straße. Être végane en Europe reste plus marginal qu'outre-Atlantique, même si de nombreux progrès sont aussi à faire là-bas.

DES CHIFFRES CLÉS :

La France et la Belgique comptent près de 3 % de végétariens, cela représente tout de même près **de 2 millions de personnes en France** et plus de **300 000 en Belgique.** En outre, les Belges comptent au moins le double de végétariens « à temps partiel » grâce au « jeudi végétarien » qui est une pratique institutionnalisée.

La Suisse comptait déjà 5 % de végétariens en 2006, d'après un sondage du lobby Proviande. À Zurich, Hiltl, à la fin du XIXe siècle, a été le premier restaurant végétarien à ouvrir en Europe et un grand festival d'été, Veganmania, existe également depuis 1998.

Martin Gibert, mais aussi le philosophe et juriste Jean-Baptiste Jangène Vilmer, notamment auteur de deux ouvrages sur l'éthique animale[1], avancent que la gastronomie française est un frein au développement du mouvement et sans doute en est-il de même pour la Belgique qui compte aussi son lot de plats carnés et la Suisse et son fromage. La philosophie analytique a également mis du temps à faire son chemin en France et la plupart des débats en éthique animale se sont faits en anglais. Jean-Baptiste Jangène Vilmer souligne également que la vision humaniste à la française a placé l'homme au centre de tout. Ainsi, s'intéresser aux animaux équivaudrait à renier sa propre nature. La politique est aussi un facteur bloquant, l'influence des lobbies défendant, par exemple, l'élevage, la chasse ou la corrida est telle que « pour représenter seulement 2 % de Français chasseurs, les parlementaires prochasse constituent respectivement 27 % et 23 % de l'Assemblée nationale et du Sénat[2] ». La Belgique compte, quant à elle, trois ministres dédiés au bien-être animal depuis 2014.

L'histoire du véganisme nous apprend beaucoup sur la place réservée à l'être humain dans notre conception du monde au fil des siècles et sa remise en question par des courants philosophiques et religieux. Les arguments humanistes se sont étendus pour englober aujourd'hui les animaux dans la pensée d'un certain nombre de philosophes.

En tant que végane, je me revendique aujourd'hui comme antispéciste et abolitionniste. L'éthique animale a été ma raison principale de devenir végane. Elle pourrait être la seule, cela ne changerait pas mon engagement. L'environnement et la santé sont des préoccupations grandissantes, et fondamentales, qui seront sans doute mises davantage en avant dans les années à venir, au détriment du droit des animaux. C'est pourtant cette notion de justice qui est au cœur du mouvement végane et qui réunit ces différents courants.

1. *Anthologie d'éthique animale : Apologie des bêtes*, PUF, 2011 et *L'Éthique animale*, Que sais-je ? n° 3902, PUF, 2015.
2. Préface par Jean-Baptiste Jeangène Vilmer de *La Libération animale*, *op. cit.*, 2012, p. 37.

Le mouvement végane n'a jamais eu autant de retentissements qu'aujourd'hui. Le nombre d'adhérents des associations végétariennes et véganes croît, les actions sont de plus en plus relayées dans les médias, de nouveaux restaurants s'ouvrent chaque jour, d'autres adaptent leur carte, même les grands chefs français comme Alain Passard, Joël Robuchon ou Alain Ducasse végétalisent leurs assiettes. Six villes belges suivent la campagne « jeudi veggie », des festivals et des salons se créent à Montréal, à Paris, à Gand… L'histoire du véganisme s'écrit plus que jamais au XXIe et l'arrêt de la consommation des produits animaux se présente de plus en plus comme un impératif moral.

II

ET SI ON DEVENAIT VÉGÉTALIEN ?

Je ne mange aucun produit issu des animaux : ni viandes, ni poissons et fruits de mer, ni œufs, ni produits laitiers (fromage, lait, beurre, crème), ni produits de la ruche (miel, pollen). Je ne consomme pas non plus de gélatine, de sauces à base de poisson, de colorant alimentaire tiré de chenilles écrasées (cochenilles). Ces restrictions s'appliquent également au filtrage des boissons comme le vin ou la bière.

LA COCHENILLE, CE PETIT INSECTE QUI COLORE LES PLATS

Bien souvent inconnue des consommateurs, la cochenille est pourtant présente dans plusieurs aliments, de la charcuterie aux sodas, en passant par les yaourts et le tarama. Les insectes font bel et bien déjà partie de l'assiette omnivore. Cette chenille vit sur des cactus qu'elle parasite. Pour créer le colorant, la cochenille est écrasée. Elle produit naturellement une couleur rouge pour repousser les prédateurs. On la retrouve sur les étiquettes sous l'appellation E120. Il existe une version synthétique du carmin de cochenille : le E124.

Pour beaucoup de personnes, je donne l'impression de me priver. Mais c'est oublier à quel point l'alimentation peut être riche et diversifiée ! On découvre bien souvent un tout nouveau panel d'aliments en changeant de régime alimentaire. Légumineuses, céréales, tofu (à base de soja), seitan aussi connue sous l'appellation « viande végétale » (terme qui fait parfois débat dans la communauté végane), oléagineuse, fruits et légumes de toutes les couleurs... Le champ des possibles s'ouvre progressivement, que l'on soit un as de la cuisine ou non. Je ne regrette absolument pas mon choix !

Tous les véganes ne sont pas des cuistots ni férus de nutrition. Il est bien évident que l'on peut être végane et mal manger : trop gras, trop sucré, trop salé, ça peut nous arriver aussi. J'ai beaucoup appris et si j'aimais déjà cuisiner avant, je le fais avec encore plus de motivation, notamment pour le salé qui ne m'avait jamais attirée auparavant. Il n'y a pas besoin de notions très poussées pour manger de façon correcte. Une alimentation optimale et variée demande, quant à elle, un peu plus de travail.

Quelques conseils du médecin-nutritionniste, spécialiste de l'alimentation végétale, Jérôme Bernard-Pellet sont les bienvenus pour faire le point sur les carences tant redoutées. Et pour mémoriser ou afficher tout cela, un tableau résume l'essentiel à savoir sur les nutriments importants (voir p. 73).

Manger végane demande au départ un peu d'adaptation, des astuces qui deviennent des notions de chimie culinaire. C'est aussi découvrir ou redécouvrir certains aliments. Loin de renier la tradition, les créateurs culinaires véganes s'en inspirent et la renouvellent. Si on se sent l'âme d'un chef, même amateur, la cuisine végane peut être une immense source de créativité, comme vous le montreront les recettes qui vous attendent dans cette partie.

1 LES RECOMMANDATIONS POUR UN RÉGIME ÉQUILIBRÉ

La nutrition reste peu enseignée en France. « Il n'y a pas de module de nutrition au cours des études de médecine, on en parle à de rares occasions. De fait, les médecins connaissent mal ce domaine et souvent moins que certains végétariens », témoigne le médecin Jérôme-Bernard Pellet.

Le service national pour la santé du Royaume-Uni[1] recommande, pour une alimentation végétalienne saine, de consommer une large variété de fruits et de légumes, beaucoup de féculents, des sources de protéines, comme les légumes et les légumes secs, des alternatives aux produits laitiers comme les boissons au soja enrichies, une toute petite quantité d'aliments gras et sucrés. À cela s'ajoutent des suppléments en vitamine B12, indispensables. La pratique d'une activité physique est aussi recommandée, car être végane n'empêche pas de pratiquer un sport. Des sportifs de haut niveau suivent un régime végétalien comme Serena Williams, Mike Tyson ou Patrick Baboumiam, l'homme le plus fort du monde. Je

1. Site : dietethics.eu

me suis moi-même mise à courir et j'ai participé pour la première fois à une course d'obstacles de 11 km.

Le Guide du végétarien débutant, créé par l'Association végétarienne de France, recommande de manger au moins trois portions de fruits (une portion correspond à 1 fruit de taille moyenne ou 125 ml de fruits cuits), deux portions de céréales complètes (1 tranche de pain, 125 ml de céréales cuites), deux portions de légumineuses (125 ml de haricots cuits, 125 g de tofu) et quatre portions de légumes (250 ml de légumes crus, 125 ml de légumes cuits), par jour. On peut également ajouter 30 à 60 g par jour de noix et oléagineux. Attention à ne pas se suralimenter en pensant éviter les carences ! Quelques bases permettent de se rassurer et de constater que manger végétalien n'est pas aussi compliqué qu'on l'imagine.

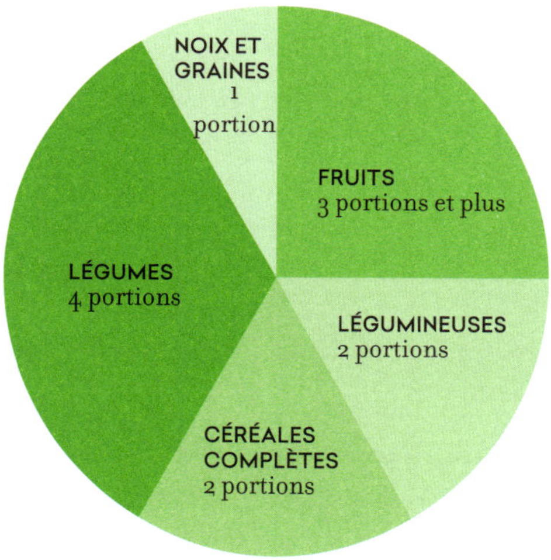

BON À SAVOIR :

Certains véganes, ce n'est pas mon cas, sont crudivores (on parle également d'alimentation vivante) : fruits et légumes crus (non chauffé au-delà de 42 °C), oléagineux (noisettes, cacahuètes, amandes...), pas de céréales ni de légumineuses (sauf germées éventuellement), ces derniers devant être cuits pour être consommés.

Les nutriments essentiels et où les trouver dans une alimentation végane[1]

LES BESOINS JOURNALIERS EN NUTRIMENTS ESSENTIELS

Vitamine B12	Vitamine D	Protéine	Fer
3 µg	5 µg	0,66 g/kg	Homme 9 mg Femme 16 mg
Aliments enrichis en B12 à consommer plusieurs fois au cours de la journée et/ou suppléments (10 µg/jour, 2 000 µg/semaine)	Il est recommandé de dépasser le taux les recommandations officielles. Soleil, suppléments.	Lentilles, haricots rouges, pois chiche, tofu, purée de cacahuètes, céréales complètes, lait de soja, légumes…	Algue kombu, sésame, levure de bière, cacao en poudre, lentilles, pois chiches, quinoa, germe de blé, pavot, graine de lin, abricot sec, brocolis…

Calcium	Oméga-3	Iode	Sélénium	Zinc
550 mg	2 g d'ALA	150 µg	60 µg	15 mg
Eau minérale, boisson végétale enrichie, tofu, sésame, amandes, fruits secs, légumes à feuilles vert foncé (chou, brocolis…)	Lin, chanvre, noix (graines et huiles), colza, germe de blé, soja…	Algue kombu, sel iodé, pommes de terre cuites avec la peau, algue dulse, algue wakamé…	2 noix du Brésil par jour	Graines de courge, légumes secs, noix, graines, pain complet, germe de blé…

1. Ce tableau est le fruit de différentes sources (Vive la B12, ANSE, OMS, dietethic.eu). Il est donné à titre indicatif.

Les protéines

Les protéines sont constituées d'un assemblage d'acides aminés. Ces derniers sont une sorte de langage commun du vivant, animal et végétal. On peut les comparer à des colliers de perles différentes qui varient selon l'assemblage. En digérant, nous cassons ce collier pour assimiler ses perles. Il y a toujours tous les acides aminés même dans une protéine végétale, seule la proportion varie.

Pour être « fort comme un bœuf », il suffit de suivre son exemple herbivore. L'homme n'est pas un carnivore, il a saisi l'occasion de manger de la viande, cela lui a été indéniablement nécessaire pour survivre, mais cela n'est plus le cas aujourd'hui. Selon l'OMS, la FAO et l'ONU, le besoin moyen est de 0,66 g de protéines par kilo et par jour pour un adulte, ainsi pour 70 kg, il faut consommer 46,2 g de protéines par jour. Ce taux varie entre 4 et 10 % des apports caloriques, en fonction de l'activité physique.

LES ALIMENTS RICHES EN PROTÉINES

Le magazine de l'Association végétarienne de France souligne que les 13 premiers aliments par ordre de richesse protéique sont des végétaux.

Quantité de protéines pour 100 g :
soja : 38,20 g ; pois cassés : 33,10 g ; beurre de cacahuètes : 30,80 g ; haricots rouges : 23,60 g ; lentilles : 23,40 g... devant le camembert à 23 g et le jambon de porc à 22,50 g.
Un apport calorique suffisant garantit les besoins protéiques facilement. On constate que l'on peut même très vite les dépasser.

Les protéines végétales sont d'aussi bonne qualité que celles animales et elles contiennent les vingt acides aminés entrant dans la structure des protéines humaines, ce qui comprend les neuf acides aminés essentiels. Ainsi, les lentilles ont un indice chimique de 0,9, cela signifie que l'un des acides animés essentiels le moins présent est à 90 % de la teneur considérée comme optimale. Il suffit d'en manger un peu plus. Contrairement à un mythe (qui existe également dans la communauté végétarienne et végétalienne), il n'est nullement indispensable de combiner les différences sources de protéines végétales pour couvrir les besoins en acides aminés essentiels. Le terme de « protéine incomplète », souvent brandi par les lobbies agroalimentaires, n'apparaît nulle part dans les rapports FAO/OMS/ONU. « La combinaison, pas nécessairement au même repas, entre céréales et légumineuses a un intérêt théorique dans un contexte de pénurie alimentaire. En effet, il permet de pallier la rareté de la lysine dans la plupart des céréales. Néanmoins, dans un contexte d'abondance alimentaire, ce concept n'a pratiquement aucun intérêt. En effet, il suffit de manger à sa faim pour couvrir très facilement ses besoins dans tous les acides aminés essentiels sans se préoccuper de telles associations », explique le Dr Jérôme Bernard-Pellet .

Les apports s'équilibrent sur la semaine, il n'y a pas d'inquiétude à avoir. Légumes, légumineuses (lentilles, pois chiche...), céréales, fruits, oléagineux (noix, noisettes, graines de lin, etc.), si possible non transformés, apportent des protéines. Pour ce qui est des apports caloriques, ils sont les mêmes que pour les omnivores, soient 2 100 kilocalories pour les femmes et 2 600 kilocalories pour les hommes, ce taux variant en fonction de l'activité physique.

Le fer

« Il n'y a pas d'étude convaincante qui montre qu'il y a plus d'anémie par carence en fer chez les végétaliens que chez les omnivores », assure le médecin Jérôme Bernard-Pellet. 20 % des femmes sont susceptibles d'être, un jour, en situation de carence en fer, mais ce n'est pas un problème lié au végétalisme.

Le fer permet notamment la fabrication de globules rouges et le transport de l'oxygène par ceux-ci dans le corps ainsi que son stockage dans les muscles. Un manque de fer conduit à l'anémie avec des symptômes tels que la perte de cheveux, la fatigue, l'essoufflement...

Le fer contenu dans les végétaux est moins bien absorbé que celui présent dans la viande. Cependant, les végétaliens consomment en moyenne plus de fer que le reste de la population, celui-ci se retrouvant dans de très nombreux végétaux(fer non héminique). De plus, ce fer a l'avantage d'être meilleur pour la santé que le fer héminique contenu dans la viande. Ce dernier a en effet un pouvoir oxydant qui favorise le cancer du côlon.

LES ALIMENTS RICHES EN FER

Les légumineuses sont riches en fer, comme les lentilles, les haricots secs, les pois chiches, le soja (et donc ses dérivés comme le tofu). On trouve également du fer dans les oléagineux comme les amandes, les noix de cajou ; dans les légumes, tels le brocoli, les haricots verts, le chou frisé ou bien encore dans les fruits : abricots, figues, prunes...

La vitamine C est également une alliée précieuse pour favoriser l'absorption du fer non héminique. Agrumes, melons et fraises en sont riches. En revanche, attention à la consommation de thé après le repas, il est conseillé d'attendre deux heures, le tanin limitant l'absorption du fer.

Vitamine D et calcium

Il existe de nombreuses sources de calcium dans les végétaux. Il est le principal composant des os et des dents et joue également un rôle dans la coagulation du sang, la pression sanguine et la contraction des muscles.

Pour favoriser son absorption, il faut veiller à son apport en vitamine D. 70 à 90 % de la population française seraient carencés en vitamine D en hiver. Il faut passer au moins vingt à trente minutes – voire davantage l'hiver – directement exposé au soleil (sur les mains et le visage) trois fois par semaine. En effet, notre corps produit la vitamine D grâce aux rayons ultraviolets (UVB) du soleil.

Il est conseillé de prendre un complément de vitamine D2 (la D3 étant presque toujours d'origine animale). La vitamine D, en plus d'aider l'absorption du calcium, puis sa fixation sur les os, renforce également nos défenses immunitaires, face à la grippe notamment.

Selon l'OMS, 550 mg de calcium par jour sont suffisants. Les végétaliens en trouvent dans l'eau (certaines eaux minérales sont même très riches en calcium), les laits végétaux enrichis, les amandes, le tofu, le sésame, le brocoli, le chou, les figues, les légumineuses… L'exercice physique et la consommation de fruits et légumes participent également au maintien du calcium dans les os. Au contraire, une alimentation trop riche en protéines et en sel, la consommation de caféine, de tabac, favorisent la perte de calcium.

Les oméga-3

Les oméga-3 sont des acides gras essentiels que notre corps n'est pas capable de fabriquer à partir d'autres lipides (graisses). Ils ont un effet bénéfique sur le système cardiovasculaire et sur le système nerveux. Ils devraient être une préoccupation tant des véganes que des omnivores. Les graines de lin, de soja, les noix, l'huile de colza, le tofu sont de bonnes sources d'ALA, un oméga-3 dit à chaîne courte qui peut être converti par notre corps en oméga-3 à chaîne longue EPA et DHA. Il arrive que cette transformation soit plus difficile chez certains individus, comme les personnes diabétiques ou âgées. Des microalgues contenant des oméga-3 à chaîne longue sont une solution, elles se trouvent sous forme de capsules (Opti3, Nuique, Dr Fuhrman's DHA Purity). Une telle supplémentation est recommandée aux femmes enceintes, véganes et omnivores, le cerveau du bébé demandant beaucoup de DHA pour se développer.

Zinc, iode et autres nutriments

Il existe certains nutriments plus difficiles à trouver dans une alimentation végane, mais aussi d'autres, plus faciles que dans une alimentation omnivore, comme la vitamine B9, les fibres ou la vitamine C. Ainsi, le zinc peut être une préoccupation chez les véganes. Celui-ci joue un rôle dans le système immunitaire, neurologique et reproductif. On en trouve dans les légumineuses, les noix et graines, les céréales complètes, les graines de courge... Concernant l'iode, nécessaire au système thyroïdien qui participe à la croissance et au métabolisme du corps, elle se trouve dans le sel iodé (mais il ne faut pas en consommer de façon excessive) et dans les algues (la quantité absorbée peut même être excessive pour un végétalien en mangeant régulièrement). Pour le sélénium, nécessaire au système immunitaire et à la glande thyroïde, deux noix du Brésil par jour suffisent à couvrir les besoins. Certains compléments alimentaires véganes proposent un mélange de ces nutriments, comme la Veg1 distribuée par la Vegan Society. Celle-ci contient surtout de la vitamine B12, le seul complément indispensable dans une alimentation végétalienne.

La vitamine B12

La vitamine B12 est vitale. Elle est nécessaire pour fabriquer les globules rouges, les plaquettes, les globules blancs et participe au système nerveux.

Il n'existe pas de source fiable sur les végétaux. Beaucoup de fausses informations circulent sur Internet et mettent en danger la vie des véganes. Les algues contiennent des analogues à la B12 (fausse B12) qui peuvent fausser les analyses sanguines et même interférer avec la vitamine (la vraie). Seuls les aliments enrichis en vitamine B12 et les suppléments sont une source fiable.

L'absorption de la vitamine B12 est très faible, surtout à dose élevée. Ainsi, 1 µg est absorbé à 50 % par notre organisme tandis qu'avec une dose de 1 000 µg le taux d'absorption est de 0,5 %. Ainsi, pour avoir un apport optimal, il est indispensable de consommer trois fois par jour des produits enrichis ou prendre un complément quotidien de 10 µg pour obtenir les 3 µg recommandés. Il existe également des suppléments plus fortement dosés. Ceux à 2 000 µg sont à prendre une fois par semaine, ceux à 5 000 µg toutes les deux semaines.

Pour assimiler correctement la B12, il est recommandé de mâcher et de dissoudre le cachet dans la salive. Il y a de nombreuses B12 véganes aromatisées à l'orange, à la fraise ou au cassis… Les sites de la Société végane française (societevegane.fr et vivelab12.fr) sont une source d'informations précieuse sur ce sujet. L'association est également présente sur Facebook dans le groupe « Vive la B12 ! », un lieu de partage et de conseils.

FEMMES ENCEINTES, ENFANTS ET SENIORS

Les femmes enceintes peuvent suivre une alimentation végétalienne. Il est recommandé d'adopter une alimentation saine avant d'être enceinte en se préoccupant notamment de la vitamine B12, de la vitamine D, du calcium et des oméga-3 à chaîne longue. Concernant le fer, quelle que soit l'alimentation, il faut se supplémenter durant la seconde moitié de la grossesse. Sachez également que les besoins en protéines augmentent de 30 %. Pour les mères allaitantes, les indications sont similaires, sachant que la production de lait demande davantage de calories. Il existe des compléments alimentaires spécialement dédiés aux femmes enceintes véganes comme le Vegan Prenatal Multivitamin & Mineral (Deva).

Les enfants peuvent également être véganes, sans oublier de les supplémenter en vitamine B12. « Je suis des enfants véganes de naissance et cela se passe très bien. Ils ont une croissance tout à fait normale », témoigne le médecin Jérôme-Bernard Pellet. Il existe des laits maternisés au soja ou au riz. Il ne faut pas prendre le lait de soja du commerce, au même titre que l'on ne donne pas du lait de vache en brique aux nouveau-nés omnivores.

Il n'existe pas non plus de contre-indication à un régime végétalien lorsque l'on devient plus âgé. Les risques de carences en B12 et vitamine D sont les mêmes que chez les omnivores, du fait du manque d'absorption de ces vitamines. L'apport en protéines doit être augmenté également (1 g/kg/jour), l'appareil digestif ayant plus de difficulté à absorber les acides aminés. Ceci n'est pas une réelle difficulté, même avec un régime végétalien.

2 PROCÉDER PAR ÉTAPES VERS UNE ALIMENTATION VÉGÉTALIENNE

Pour débuter, il vous faudra peut-être réduire progressivement votre consommation de produits issus des animaux avant de sauter définitivement le pas du véganisme. C'est l'occasion de finir les placards et de se familiariser avec les substituts de viande comme le seitan, le tofu et les légumineuses. Commencez par des recettes que vous aimez et qui sont déjà végétales ou facilement ajustables. Il vaut mieux y aller progressivement que tout abandonner.

De même, ne vous jetez pas la pierre en cas d'écart. Certaines personnes arrivent facilement à changer d'alimentation, mais cela peut être plus difficile pour d'autres. Cherchez de nouveaux rituels. Si vous aimiez manger un morceau de fromage en regardant la télévision, remplacez cette habitude par une tartine de houmous, par exemple. Ajoutez progressivement davantage de légumes crus dans vos menus, ils se préparent rapidement et vous apportent plein de vitamines et de nutriments.

Profitez de cette expérience pour vous ouvrir à de nouvelles saveurs et laissez-vous surprendre ! Il existe de nombreuses traditions culinaires qui font la part belle aux végétaux, c'est l'occasion de découvrir des recettes indiennes (dahl de lentilles, curry de légumes...), japonaises (maki aux légumes, beignets de légumes, tofu...), la cuisine libanaise propose de nombreux mets sans produits animaux (falafel, purée de betterave aux amandes, taboulé, houmous, etc.)... La cuisine méditerranéenne fait aussi la part belle aux légumes ; le couscous n'était servi traditionnellement avec de la viande qu'aux fêtes, le reste du temps, il était végétalien. Le végétal donne une cuisine savoureuse et généreuse ! Il suffit de voir le nombre de blogs de recettes véganes pour se rendre compte que cette alimentation permet d'être très créatif. Pour avoir des idées de recettes, *vegemiam.fr* est la référence à connaître.

VOUS MANGEZ DÉJÀ VÉGÉTALIEN SANS LE SAVOIR :

Pain, pâte à pizza, soupe (sans ajout de crème ou de beurre), taboulé, poêlée de légumes, pâtes all'arrabiata ou aux légumes, makis aux légumes, poire au vin, salade de fruits, sorbet...

Et surtout, ne restez pas seul, rencontrez des végétariens et véganes qui habitent près de chez vous, discutez sur des forums ou des groupes Facebook. La première chose que j'ai faite en devenant végétarienne a été de m'inscrire sur un forum pour échanger ainsi qu'à la page Facebook régionale « végétariens, végétaliens et végans de Picardie ». J'ai découvert à ma grande surprise une importante communauté près de chez moi. Nous pouvons parfois avoir l'impression d'être isolés, surtout face à la pression sociale, mais nous ne sommes pas les seuls à faire le choix du véganisme. De même, ne vous laissez pas décourager par certains propos de véganes qui oublient le chemin parcouru. Ils ont de bonnes intentions, mais parfois maladroitement formulées...

BON À SAVOIR

Le poids

En passant d'une alimentation omnivore à une alimentation végétalienne, il faut parfois un certain temps d'adaptation pour le corps, mais, une chose est sûre, si vous avez faim en sortant de table, ce n'est pas normal. Il n'est pas question de ne manger que de la salade, ce sont les fibres mais aussi les protéines qui donnent la sensation de satiété. Tout comme une perte de poids excessive n'est pas normale. En mangeant à sa faim, sans oublier le « bon gras » (huiles riches en oméga-3, oléagineux, des fruits gras comme l'avocat...) et les fibres (avec des céréales complètes, par exemple), on n'a aucune raison de grossir ou de mincir de façon excessive, surtout si l'on a un poids « normal » à l'origine, déterminé notamment par l'Indice de masse corporelle (IMC).

La digestion

Il faut aussi accorder du temps à votre corps qui va se «détoxifier» et s'habituer à une nouvelle alimentation. Il arrive que la digestion soit un peu perturbée au début, surtout si vous ne consommiez pas beaucoup de fibres habituellement. Certaines personnes ont des poussées d'acné (même en arrêtant les produits laitiers), mais tout rendre dans l'ordre au bout de quelque temps.

Une journée dans l'assiette d'un végane

Voici un exemple de repas pris par un végane au cours d'une journée quotidienne. Il ne s'agit pas ici de mettre en avant un idéal nutritionnel, mais de donner quelques idées de repas rapides à réaliser par une personne active.

- Au petit déjeuner : un bol de lait végétal au cacao non sucré, deux tartines de pain complet avec de la confiture et du houmous accompagné de graines germées. Une clémentine. Un cachet de 10 mg de vitamine B12 à la fin du repas.
- En-cas : un thé rooibos, une poignée d'amandes et une clémentine.
- Déjeuner : carottes râpées, assaisonnées d'huile de sésame, de vinaigre et de persil. Pâtes au pesto végétalien et lentilles corail. Un yaourt nature au lait végétal avec une cuillère de sirop d'agave.
- Apéritif : quelques noix de cajou non salées et une bière végane.
- Dîner : purée de brocolis et de pommes de terre et dés de tofu fumé. Une tartine de fromage végétal et une crème végétale au caramel.

LES EN-CAS ET GOÛTERS

S'il est recommandé, quel que soit notre régime alimentaire, de ne pas grignoter, il existe des en-cas sains qui calent les petites faims. Il faut savoir écouter son corps. Si l'estomac gargouille en dehors des repas, quelques amandes et fruits frais ou secs constituent un petit snack sain et nutritif. Le goûter, c'est aussi pour les adultes. Attention cependant à ne pas confondre «faim» et «envie de nourriture», ce qui peut arriver en cas de stress, par exemple. Dans ce dernier cas, un carré de chocolat noir est recommandé pour son magnésium qui favorise la détente.

3 LES INDISPENSABLES DE LA CUISINE VÉGÉTALIENNE

Les indispensables de la cuisine végétalienne peuvent varier d'un végane à l'autre selon ses habitudes alimentaires. Cependant, quelques produits permettent de réaliser des recettes étonnantes en un tour de main. Voici ce que j'ai toujours dans mes placards ou dans mon réfrigérateur, en plus d'une grande quantité de fruits et de légumes de saison.

L'huile et la margarine végétales sont des éléments clés qui remplacent le beurre pour la cuisson. Il faut veiller, concernant la margarine, à ce qu'elle ne contienne effectivement aucun produit laitier (certaines dites « végétales » ont, par exemple, du « babeurre » parmi leurs ingrédients ou de la vitamine D3, issue du poisson).

ATTENTION À L'HUILE DE PALME ET À L'HUILE DE COCO

Il arrive que des margarines contiennent également de l'huile de palme dont la production impacte l'habitat naturel d'animaux sauvages et crée des conflits humains. Certains véganes boycottent ces produits, même avec un label bio, soulignant l'incohérence d'une telle consommation lorsque l'on souhaite préserver les espèces. J'évite d'acheter des margarines en contenant, utilisant plutôt de l'huile pour cuisiner.

L'huile de coco produite en Thaïlande pose également problème, car ce sont des macaques qui récoltent ces fruits toute la journée. Il faut donc vérifier la provenance. Rassurez-vous, il y a plusieurs marques qui affirment ne pas exploiter les singes, comme Rapunzel, Bio planète...

Pour les huiles, attention, toutes ne sont pas faites pour être chauffées (elles se dégradent et deviennent même toxiques pour l'organisme, comme l'huile de noix ou de tournesol vierge) et certaines sont plus ou moins résistantes à la chaleur. L'huile d'olive (première pression à froid) résiste jusqu'à 190 °C, l'huile de pépin de raisin et l'huile de coco à plus de 210 °C. On peut également remplacer la matière grasse, notamment dans les gâteaux, par des **purées d'oléagineux** que l'on peut se procurer en magasin bio. Purée d'amande, de sésame (appelé aussi tahin), beurre de cacahuètes, purée de noisettes, de noix de cajou apportent une saveur gourmande. Les noix de cajou sont d'ailleurs couramment utilisées dans les fromages végétaux. Il ne faut pas hésiter à acheter une grosse quantité (compte tenu de leur prix au kilogramme moins élevé en gros conditionnement), ces purées se conservent longtemps à température ambiante.

Les crèmes végétales peuvent être de soja, de riz, d'avoine, d'amande. On peut même réaliser une crème à base de noix de cajou mixées et de jus de citron. Ces crèmes remplacent la crème fraîche dans les sauces, les gâteaux. Les **laits végétaux** sont également importants, surtout en pâtisserie. Crèmes et laits végétaux se trouvent en magasin bio, mais également dans les rayons bio/diététique des supermarchés.

Les légumineuses, au même titre que les légumes, fruits et céréales, sont la base de l'alimentation végane. Les lentilles corail sont de précieuses alliées riches en fer, fibres et protéines et se cuisent en dix minutes. Elles permettent de réaliser des plats savoureux en peu de temps : soupes, mijotés de légumes, pâtés végétaux… Les pois chiches demandent à être trempés la veille et à cuire quarante-cinq minutes, mais ensuite le houmous (voir p. 92, la recette) se prépare en un tour de mixeur. Le jus de pois chiche monté en neige permet également de faire des mousses au chocolat ou des meringues. Vous pouvez les consommer aussi en version germée. Il existe toutes sortes de graines à faire germer en magasin bio. En germant, ces graines décuplent leurs vitamines et minéraux et constituent de très bons apports en protéines, mais aussi en calcium ou en fer.

Le tofu est souvent présent dans une cuisine végane (bien que certains véganes ne consomment pas de soja). Il se combine, en effet, à de nombreuses recettes sous ses différentes formes que l'on trouve généralement en magasin bio. Il peut être soyeux (crémeux pour les Québécois), ferme, lactofermenté. Le premier permet de réaliser des desserts (mousses au chocolat et gâteau), mais aussi des gratins de légumes, des omelettes végétales. Le tofu ferme peut être nature ou aromatisé (fumé, aux herbes, à la mangue…). On peut le faire revenir à la poêle, l'incorporer dans des pâtes pour une sauce à la bolognaise, le mettre sur des brochettes avec des légumes pour le barbecue. Il peut aussi se trouver sous forme de saucisse, de chorizo… Le tempeh est, quant à lui, constitué de fèves de soja fermentés. Il se cuisine à votre guise, comme le tofu. On en trouve en magasin bio (la production de soja est française) ou épicerie asiatique.

QUELQUES ASTUCES POUR CUISINER LE TOFU

Le tofu n'a pas un goût très prononcé (celui-ci varie selon les marques) et demande à être préparé (mariné, par exemple, incorporé dans des sauces, etc.), c'est sans doute pour cela qu'il n'a pas très bonne réputation. De plus, il est meilleur frais qu'en sachet sous vide « longue conservation » que l'on trouve en supermarché. La version lactofermentée se présente en crème épaisse ou en bloc comme le tofu ferme. Le goût est différent et permet, par exemple, de réaliser des fromages végétaux. Il peut même être aromatisé, celui au basilic est parfait avec les pâtes ou dans une salade.

Le seitan est un « similicarné », il est aussi appelé parfois « viande végétale » ou « poulet végétal ». Cet aliment à base de gluten et de céréales permet de remplacer la viande dans les recettes traditionnelles comme le pot-au-feu, la blanquette… Il peut ensuite être cuit à la poêle, servi avec des légumes, des pâtes, farci avant sa cuisson dans le bouillon puis rôti dix minutes au four… Il s'achète en magasin bio, mais peut aussi se faire facilement à la maison et à bas prix (voir p. 97, la recette). Il contient une grande quantité de gluten et peut contenir des farines de légumineuses (pois chiche par exemple). Vous trouverez également en magasin des steaks de lupin, des galettes de céréales…

Les protéines de soja texturées existent en différentes tailles, hachées, en médaillons, lamelles… On peut s'en procurer en magasin bio, même en vrac. Elles doivent être réhydratées une dizaine de minutes dans un bouillon parfumé avant d'être revenues à la poêle, par exemple. Elles remplacent la viande dans la plupart des recettes. Pour leur donner un goût fumé, il est possible d'ajouter du liquid smoke (fumée liquide que l'on trouve sur Internet ou en magasin végane) dans le bouillon ou du thé fumé.

Pour parfumer les protéines de soja, mais aussi d'autres plats, comme les soupes, les sauces, le seitan, la **sauce soja** (tamari, shoyu) **et le miso** remplacent un fond de viande. Ils se conservent longtemps au réfrigérateur. On en trouve en magasins bio et dans les épiceries asiatiques. Un thé fumé, comme le Lapsang Souchong, permet également de relever les préparations.

Les épices sont importantes dans la cuisine végane, elles permettent de relever les bouillons, d'assaisonner les légumes, d'apporter de la couleur et sont souvent indispensables lorsque l'on s'inspire de la cuisine orientale ou asiatique où l'on trouve beaucoup de plats végétaliens. Elles évitent de trop saler les plats en relevant les saveurs. Les épices ont également divers effets bénéfiques pour la santé, ainsi le curcuma aide à la digestion, la cannelle est riche en fer et manganèse, le piment de cayenne en vitamines A et C... Les herbes aromatiques (thym, persil, coriandre...) sont aussi des alliées saveur et santé.

Les algues permettent d'agrémenter les plats. Elles existent fraîches, sous forme de tartare ou déshydratées. Elles se parsèment sur les salades, s'ajoutent aux pâtes, dans les potages, les sauces... L'algue kombu est une précieuse alliée, au-delà de son intérêt nutritionnel : elle permet de réduire le temps de cuisson des légumineuses et favorise leur digestion.

4 FAIRE SES COURSES, UN PARCOURS DU COMBATTANT ?

Ne plus consommer de produits issus des animaux demande d'adopter de nouvelles habitudes, notamment lorsque l'on fait des courses, ici alimentaires. Si dans les magasins bio la liste d'additifs est souvent plus réduite que dans les grandes surfaces, il faut savoir décoder les lettres, les chiffres, les mots qui cachent des produits animaux. Difficile en tant que consommateurs de s'y retrouver et il est vite effrayant de constater que des produits issus des animaux se cachent dans les aliments préparés les plus improbables. Ainsi, méfiance sur le pain de mie ou la margarine qui affiche du monodiglycéride d'acide gras (E471) qui peut aussi bien être d'origine animale que végétale. Pour le savoir, il faut demander aux fabricants.

S'y retrouver dans les additifs

Des associations ont mis en ligne des listes d'additifs contenant des produits animaux, à retrouver par exemple sur societevegane.fr ou vegetarisme.fr. Le E120 désigne la cochenille (voir p. 70, l'encadré) ; E444 la gélatine ; E913 la lanoline ; E542 du phosphate d'os comestible ; E270 de l'acide lactique, qui peut être d'origine animale ou végétale ; E631 du sodium 5 isonate, toujours d'origine animale… L'albumine provient des œufs, mais aussi parfois du lait, du sang, des os, mais une origine végétale est possible. Le lactose peut aussi bien être issu du lait que d'origine végétale. Les arômes naturels peuvent signifier tout et n'importe quoi… Attention également aux « agents de démoulage » qui contiennent des substances d'origine animale.

Pour éviter d'aller en magasin avec plusieurs feuilles répertoriant une liste d'additifs possiblement non véganes, des applications se sont développées sur smartphone : *Additifs alimentaires*, *Is it vegan ?* ou *Kwalito* qui permet de scanner les codes barres des produits en magasin pour voir s'ils correspondent ou non aux critères alimentaires définis. La base de données de ce dernier ne cesse de s'agrandir grâce aux utilisateurs qui peuvent enregistrer un produit non référencé.

Les boissons

Pour compliquer encore un peu la tâche du consommateur, des produits animaux se cachent aussi dans les boissons. Jus de fruits et alcool sont souvent clarifiés avec des matières animales. Caséine (protéine de lait), blanc d'œuf (albumine), gélatine, mais aussi ichtyocolle (issu du poisson) servent à filtrer les boissons. Impossible de le savoir sur l'étiquette, sauf pour les deux premiers dont la mention est obligatoire, car ils sont allergènes. Concernant les jus de fruits, il est conseillé de les prendre « 100 % pur jus » et pas à base de concentré. Pour les bières et les vins, le site barnivore.com permet de savoir s'ils sont véganes ou non. La liste est complétée par les internautes qui sont invités à demander aux viticulteurs leur méthode de clarification. Rassurez-vous, il y a un large choix finalement ! Même des bières courantes sont véganes et, depuis 2016, la Guinness est aussi végétalienne. La liste promet donc de s'agrandir encore. Certains sites proposent des vins véganes comme meilleursvinsbio.com (catégorie vins végétaliens).

Attention à la mention végétale

La mention 100 % végétale ne veut rien dire. Il est facile de se retrouver chez soi avec un produit que l'on pensait adapté et qui se révèle finalement contenir un produit d'origine animale, malgré cette mention. Cela arrive sur les margarines, mais aussi sur certains steaks ou autres similicarnés végétaux qui contiennent des œufs. Il existe des labels comme celui de la Vegan Society, de Vegan Action ou de l'Union végétarienne européenne (très répandu en Belgique et en Suisse, en France depuis début 2016) qui permettent de certifier que le produit est végétalien.

Cependant, les marques doivent faire la démarche de demander ce label qui a un coût. Il existe donc des produits véganes non certifiés, avec la mention par exemple « vegan » ou « convient aux végétaliens ». Ils sont aujourd'hui de plus en plus nombreux et de grandes chaînes de magasins les proposent dans leurs rayons, comme les glaces Amy's dans les Carrefour qui ont lancé également leur propre gamme à l'automne 2015 : « Carrefour Veggie » avec des steaks végétaux, des nuggets et des falafels. Sur les 16 produits de la marque, 13 sont végétaliens. En Suisse, Coop commercialise la marque « Karma », des plats préparés végétariens dont certains sont végétaliens. On trouve facilement crèmes et laits végétaux dans les rayons diététiques et même des steaks de céréales sans œuf ni fromage. Au Québec, les glaces et même parfois les fromages véganes sont présents dans les grandes surfaces.

QUELQUES PRODUITS COURANTS VÉGANES

Les spéculoos existent en version véganes (la marque Lotus notamment), les oréos le sont aussi (ce n'est pas du lait à l'intérieur, contrairement à ce que l'on pourrait croire), les pâtes ne contiennent pas d'œufs traditionnellement (c'est en général bien précisé sur le paquet s'il y en a), les pâtes feuilletées ou brisées existent sans beurre (mais avec de l'huile de palme souvent), du chocolat noir, des soupes, des chips, les baguettes (attention aux industrielles contenant du monodiglycéride d'acide gras), tapenade...

Si on peut parfois désespérer face à la quantité de produits animaux cachés dans la nourriture, on se rassure aussi en voyant les choses évoluer. Le fait maison est également une solution qui limite le casse-tête des compositions. Et surtout, avec le temps, plus besoin de retourner les paquets de ses produits favoris, on sait quoi acheter et quoi éviter.

OÙ MANGER EN DEHORS DE CHEZ SOI?

Les restaurants

Devenir végane ne veut pas dire qu'il faut tirer un trait sur les restaurants. Il faut souvent privilégier les restaurants de cuisine étrangère, bien que les établissements traditionnels s'adaptent de plus en plus. Les restaurants libanais, turcs, marocains ou indiens ont en général à leur carte plusieurs plats végétaliens. Les italiens sont également une bonne option. Une pizza aux légumes sans fromage (on peut demander à avoir plus de légumes à la place) ou des pâtes aux légumes, si elles n'ont pas d'œufs, sont des options faciles dans ce type de lieu. En revanche, les desserts sont plus difficiles à trouver. La salade de fruits est bien souvent l'unique option, quand elle existe. Les sorbets sont aussi une possibilité. Dans la plupart des restaurants, en demandant à l'avance au moment de réserver, il est possible de s'arranger. Les restaurateurs sont confrontés à une demande grandissante, notamment des touristes étrangers, et s'ils ont un vrai chef en cuisine, ils sauront s'adapter. On peut parfois être agréablement surpris de son assiette et faire saliver les autres convives.

En famille et chez les amis

Lorsque l'on est invité chez des amis ou de la famille, il ne faut pas hésiter à proposer d'amener un plat, un dessert. C'est l'occasion de faire découvrir la cuisine 100 % végétale. Attention à tester la recette au préalable, surtout si vous savez les hôtes ou autres convives un peu réticents. Un raté est bien souvent pris comme une représentation de l'alimentation végétale. Selon votre entourage, certains s'essaieront avec plaisir aux recettes végétales, à vous de les guider.

Dans l'avion

Comme nous ne pouvons pas prendre de nourriture à bord de l'avion, nous pourrions nous inquiéter pour les longs trajets de ne pas pouvoir nous nourrir (si ce n'est de cacahuètes). Mais, aujourd'hui, la plupart des grandes compagnies aériennes proposent des menus végétariens et végétaliens. Il est judicieux de préciser son régime alimentaire avant son départ pour éviter toute déconvenue à bord. Air France propose des repas végétariens sans laitage ni œuf tout comme Air Canada. Des compagnies dites « charters » aménagent aussi des repas pour les végétaliens.

5 RECETTES

Voici vingt recettes végétaliennes, salées et sucrées, simples ou un peu plus élaborées, pour se familiariser avec la cuisine végétale. Mesures : 1 cuillère à café correspond à 5 ml et 1 cuillère à soupe à 15 ml.

BON À SAVOIR

Pour remplacer les œufs dans les recettes, il existe différentes astuces comme la compote de pommes, la banane, le bicarbonate et le vinaigre de cidre, le tofu soyeux, les graines de lin moulues, des graines de chia (petites graines noires riches en oméga-3, que l'on trouve en magasin bio) trempées dans l'eau... Tout dépend si l'on souhaite apporter du liant, du levant, de l'humidité. On trouve aussi en magasin des substituts d'œuf.

Concernant le remplacement du lait, un lait végétal est tout à fait adéquat.

Houmous

Pour un grand bol :
- 150 g de pois chiche crus soit environ 400 g cuits
- 3 cuillères à soupe de tahin (purée de sésame)
- 4 cuillères à soupe de citron
- 1 gousse d'ail
- 6 cuillères à soupe d'eau
- 2 cuillères à soupe de cumin en poudre
- 2 -3 cuillères à soupe d'huile d'olive + 1 filet

- Faire tremper les pois chiches la veille avec une cuillère à soupe de vinaigre de cidre.
- Faire cuire les pois chiches quarante-cinq minutes dans de l'eau bouillante avec une algue kombu.

• Couper la gousse d'ail en petits morceaux.
• Presser un citron.
• Mixer les pois chiches avec les autres ingrédients. Ajouter un peu d'eau si le mélange est trop sec et a du mal à s'homogénéiser.
• Ajuster l'assaisonnement éventuellement avec du sel et davantage de cumin.
• Arroser d'un filet d'huile d'olive au moment de servir.

Astuce : se conserve environ trois jours au réfrigérateur. Vous pouvez ajouter de la coriandre ou des légumes dans le houmous pour lui donner une jolie couleur et varier le goût. Il est ainsi possible de mixer les pois chiches avec quelques feuilles d'épinard crues.

Salade d'hiver sucrée salée

Pour 4 personnes :
• 120 g de chou-fleur
• 100 g de lentilles corail
• 1 échalote
• 1 pamplemousse
• 1 orange
• 2 avocats
• 2 cuillères à soupe de coriandre
• 2 à 3 cuillères à soupe de vinaigre balsamique
• 1 pincée de piment

• Détailler l'orange et le pamplemousse en suprême. Il s'agit de récupérer le fruit sans son écorce et la membrane blanche. Il faut couper avec un couteau bien aiguisé les extrémités du fruit jusqu'à la pulpe puis longer les côtés sans laisser de peau. Couper ensuite en quartier au plus près de la membrane.

• Couper les quartiers obtenus en petits morceaux. Récupérer le jus et verser le tout dans un récipient.

• Ajouter aux fruits et à leur jus l'échalote émincée, la coriandre, le vinaigre et la pincée de piment.

• Faire cuire les lentilles corail dix minutes et, ensuite, les faire refroidir en les rinçant à l'eau froide.
• Couper le chou-fleur en morceau et mixer afin d'obtenir la consistance d'une semoule.
• Ajouter les lentilles corail et mixer.
• Couper les avocats.
• Mélanger la semoule de chou-fleur et lentille avec l'avocat et l'assaisonnement avec le pamplemousse et l'orange.

Astuce : pensez à préparer à l'avance l'orange et le pamplemousse pour laisser le temps aux saveurs de bien se mélanger. Cette entrée peut devenir un plat pour deux, léger et savoureux.

Guacamole

Pour un bol :
• 1 avocat bien mûr
• 1 citron (vert ou jaune au choix)
• 1 tomate
• 1 oignon
• 1 pincée de piment ou 1 cuillère à café d'épices à guacamole

• Vider l'avocat dans le bol.
• Ajouter le jus de citron et écraser l'avocat à la fourchette.
• Ajouter la tomate et l'oignon. Mélanger.
• Ajouter le piment et mélanger.
• Déguster avec des tortillas, des légumes, dans des burritos ou avec un chili sin carne (voir p. 97, la recette).

Astuce : il vaut mieux consommer immédiatement le guacamole. Pour faire mûrir votre avocat, emballez-le dans du papier journal. Vous pouvez aussi faire ce guacamole sans tomate ou avec des tomates séchées, notamment l'hiver, où ce n'est plus la saison pour en trouver.

Tartinade du pêcheur

Pour un bol :
- 150 g de lentilles vertes
- 5 g du mélange algues du pêcheur
- 8 cuillères à soupe de crème végétale
- 3-4 cuillères à café d'oignons semoule
- 1 cuillère à café de bicarbonate
- poivre

- Rincer les lentilles.
- Porter à ébullition l'eau avec les lentilles.
- Égoutter.
- Cuire quinze minutes à feu doux les lentilles avec de l'algue kombu si vous en avez. Sinon, cuire un peu plus longtemps.
- Porter à ébullition la crème avec les algues en paillettes.
- Égoutter les lentilles.
- Mixer les lentilles avec la crème, l'oignon, le bicarbonate et le poivre.

Astuce : pour le conserver quelques jours au frigo, ébouillantez un pot en verre avant de mettre la tartinade dedans. Vous pouvez ajouter un peu de citron.

Purée de betteraves aux amandes

Pour 2-3 personnes :
- 370 g environ de betteraves cuites
- 2 cuillères à soupe de purée d'amandes
- 1 cuillère à café d'ail en semoule
- sel
- poivre

- Mixer la betterave avec le reste des ingrédients.
- Ajuster l'assaisonnement à votre goût.

Astuce : cette purée froide peut être mise dans des verrines pour un apéritif dînatoire, servir de sauce pour tremper des légumes crus, agrémenter un sandwich... Se conserve 2-3 jours au réfrigérateur.

Spaghettis façon bolognaise express

Pour 2 personnes :
- 200 g de spaghettis au blé complet
- 150 g de lentilles corail
- 200 g de coulis de tomates
- 1 oignon
- 1 carotte
- 1 cuillère à soupe d'huile d'olive
- sel de céleri
- poivre
- basilic

- Éplucher et couper la carotte en petits dés. Éplucher et couper l'oignon.
- Faire bouillir l'eau.
- Faire revenir à la poêle l'oignon et la carotte dans l'huile d'olive.
- Mettre les pâtes et les lentilles corail dix minutes dans l'eau bouillante.
- Ajouter au bout de cinq minutes la purée de tomates aux légumes dans la poêle.
- Saler, poivrer et ajouter éventuellement quelques épices ou aromates, comme du basilic.
- Égoutter les pâtes, mélanger à la sauce et servir. Saupoudrer de levure maltée pour ajouter un petit goût fromager.

Astuce : servez avec une salade avec des noix ou des graines de sésame. Les lentilles corail peuvent être remplacées par du tofu.

Chili Sin Carne

Pour 4 personnes :
- 250 g de haricots rouges cuits
- 20 cl de purée de tomates
- 1 oignon
- 1 filet d'huile d'olive
- 1 pincée de piment
- 300 g de riz complet
- sel
- poivre

- Faire cuire le riz.
- Couper et faire revenir à la poêle l'oignon. Lorsqu'il est translucide, ajouter les haricots et la purée de tomates.
- Assaisonner. Ajouter éventuellement du persil.

Astuce : à déguster tel quel ou dans une tortilla en ajoutant un peu de guacamole ou de crème de soja.

Seitan de pois chiches riche en protéines

Pour 6 personnes :

Pour la pâte :

- 150 g de gluten de blé
- 80 g de farine de pois chiches
- 5 g de paprika
- 5 g de curcuma
- 5 g de coriandre moulue
- 5 g d'ail en poudre
- 20 cl de bouillon de légumes
- 1 à 2 cuillères à café de miso de riz brun

Pour le bouillon :

- 1/2 cube de bouillon de légumes
- 1 cuillère à café de miso de riz brun
- 1 cuillère à soupe de sauce tamari (sauce soja) ou de liquid smoke

- Mélanger le gluten, la farine et les épices.
- Ajouter le bouillon tiédi et le miso brun.
- Pétrir à la main jusqu'à ce qu'il n'y ait plus de trace de farine sèche. La pâte doit être élastique. Former une boule.
- Préparer le bouillon et faire cuire votre boule de seitan dedans une heure environ.

Astuce : le gluten de blé, la farine de pois chiche et le miso de riz se trouvent en magasin bio.

Il est possible de changer de farine en mettant, par exemple, celle de riz, de maïs, de quinoa, ou de les mélanger entre elles. Pour différentes saveurs, variez les épices et surtout faites un bouillon bien parfumé.

Le seitan se conserve trois jours au réfrigérateur dans son bouillon. Si vous le laissez une nuit dans son bouillon, il aura davantage de saveur.

Galettes moelleuses de lentilles

Pour environ 6 galettes

- 200 g de lentilles
- 50 g de fécule de maïs
- 50 g de farine de riz (ou de blé)
- 10 cl de thé fumé
- 1 oignon
- 1 à 2 cuillères à soupe de concentré de tomates
- 1 cuillère à soupe de coriandre
- 1 cuillère à soupe d'ail des ours
- 1/2 cuillère à café d'ail en poudre
- 1 filet d'huile

• Cuire les lentilles dans une cocotte-minute pendant vingt minutes.
• Faire infuser 2 g de thé fumé dans 10 cl d'eau.
• Hacher l'oignon.
• Égoutter les lentilles puis mixer.
• Faire chauffer une poêle avec un filet d'huile d'olive.
• Mélanger l'infusion filtrée à la fécule de maïs.
• Mélanger la farine de riz avec les lentilles mixées. Ajouter la fécule de maïs, le concentré de tomates, les épices et l'oignon. Mixer.
• Verser une grosse cuillère à soupe de la préparation dans la poêle bien chaude (varier l'épaisseur de la galette comme vous voulez en ajoutant plus ou moins de préparation, plus elles sont épaisses, plus elles seront moelleuses). Selon la taille de votre poêle vous pouvez en faire cuire plusieurs en même temps.
• Cuire environ deux minutes sur chaque face.

Astuce : le côté moelleux peut ne pas plaire à tout le monde, il est possible d'assécher la préparation en ajoutant plus de farine ou des flocons de céréales (avoine, riz...). L'épaisseur de la galette influence également sa consistance. Cette recette est réalisable avec d'autres légumineuses, la consistance variera aussi en fonction. Avec les haricots rouges (que l'on peut même écraser à la fourchette et pas au mixeur), on obtient quelque chose de proche visuellement des steaks. Il faut les façonner à la main, la préparation étant moins liquide qu'avec les lentilles. Les épices sont à varier selon votre goût et ce que vous avez sous la main.

Se conserve quelques jours au réfrigérateur, peut se congeler.

Velouté de potiron et tomate au gingembre

Pour 4 -5 bols de soupe :
• 950 g de potiron
• 200 g de purée de tomates
• 2 pommes de terre moyennes
• 2 gousses d'ail
• 1 grosse échalote
• 7 g de gingembre frais

- 2 cuillères à soupe de purée de noix de cajou
- sel
- poivre

- Faire cuire le potiron et les pommes de terre épluchées et coupées à la vapeur dix minutes environ à partir du sifflement de votre cocotte-minute.
- Couper l'ail, l'échalote et le gingembre.
- Mixer le potiron, les pommes de terre avec l'ail, l'échalote, le gingembre et la purée de noix de cajou.
- Assaisonner.

Astuce : vous pouvez réaliser vous-même votre purée de noix de cajou en les faisant tremper plusieurs heures à l'avance dans de l'eau (ou quelques minutes dans de l'eau bouillante) et en les mixant.

Croquettes de brocolis fromagères

Pour une dizaine :

- 200 g de brocolis crus
- 150 g de noix de cajou
- 2 cuillères à soupe de fécule de maïs
- 50 g de farine de riz ou de blé
- 10 cl de lait végétal
- 4 cuillères à soupe levure maltée
- 1 cuillère à café d'ail en poudre
- 1 cuillère à café d'oignon en poudre
- 1 pincée de sel
- Chapelure

- Mettre à tremper les noix de cajou trois ou quatre heures avant de préparer les croquettes de brocolis.
- Égoutter les noix et mixer.
- Laver et couper en morceaux le brocoli (le pied étant plus dur, réserver le pour une autre utilisation, une fois cuit à la vapeur, il devient tendre). Mixer avec la purée de noix de cajou.

• Ajouter le lait, la fécule et la farine. Mixer puis ajouter la levure maltée, l'ail, l'oignon et le sel.
• Verser de la chapelure dans une assiette.
• Humidifier légèrement vos mains et prendre un peu du mélange pour former une boule dans la paume.
• Faire rouler la boule dans la chapelure. Réserver et recommencer l'opération jusqu'à ce qu'il n'y ait plus de pâte.
• Faire chauffer de l'huile pour friture dans une poêle ou un wok. Faire cuire les croquettes de brocolis jusqu'à ce qu'elles soient dorées. Faites les rouler doucement pour que la dorure soit uniforme.
• Servir aussitôt.

Astuce : servez avec une sauce à base de yaourt de soja mêlé à des épices, des herbes et du citron. Se conserve deux jours au réfrigérateur.

Tomates farcies au quinoa

Pour 4 tomates
• 100 g de quinoa
• 1 cuillère à café d'ail des ours
• 1 cuillère à café de coriandre
• 1 oignon
• 1 cuillère à soupe de concentré de tomate
• Poivre

• Faire cuire le quinoa dix minutes dans l'eau bouillante.
• Couper le chapeau des tomates et les évider. Faire dégorger dans un récipient en mettant un peu de sel à l'intérieur des tomates.
• Émincer l'oignon.
• Mixer le contenu des tomates évidées avec le concentré, les épices et l'oignon.
• Ajouter le quinoa égoutté.
• Garnir les tomates avec la préparation.
• Enfourner quinze minutes à 180 °C sur une plaque avec un fond d'eau.

Astuce : épicez selon vos goûts et vos envies ! Je mélange parfois avec le quinoa des flocons d'avoine ou de sarrasin qui donne une texture collante et plus de consistance à la préparation.

Tartinade de cajou façon fromage

Pour 1 pot d'environ 200 g
- 150 g de noix de cajou
- 30 ml de jus de citron
- 5 cuillères à soupe de levure maltée
- 1 cuillère à soupe de graines de cumin
- Sel

- Faire tremper au préalable les noix de cajou pendant quatre heures.
- Mixer avec le jus de citron, la levure maltée et le sel (selon votre goût). Si la préparation est difficile à mixer, ajouter un peu de lait ou de crème végétale.
- Ajouter les graines de cumin. Mélanger.
- Verser dans un pot préalablement ébouillanté.

Astuce : vous pouvez changer la saveur de ce fromage de cajou avec un mélange de poivres et de baies écrasées, de l'ail des ours ou de la coriandre…

Se conserve jusqu'à quatre jours dans un pot ébouillanté au préalable.

Pancakes

Pour 20 pancakes environ :
- 300 g de farine
- 100 g de fécule
- 1 cuillère à café de bicarbonate
- 80 g de sucre complet
- 50 cl de lait végétal
- 40 g d'huile neutre
- 1 cuillère à soupe de vinaigre de cidre ou de jus de citron

- 1 pincée de vanille en poudre

- Mélanger d'abord les ingrédients secs entre eux, puis ajouter les ingrédients liquides. La pâte obtenue est un peu épaisse.
- Faire chauffer une poêle à crêpe avec un peu d'huile.
- Lorsque celle-ci est bien chaude, mettre une louche de la pâte au centre en étalant. Si la pâte ne s'étale pas bien, vous pouvez ajouter un peu de liquide à la préparation (mais pas trop, ce n'est pas du tout la consistance d'une pâte à crêpe).
- Lorsque des bulles apparaissent à la surface, il est temps de retourner le pancake. Cela cuit normalement très vite.

Astuce : il est possible de remplacer l'huile par 1 cuillère à soupe de purée d'amandes. Les pancakes sont ainsi encore plus moelleux. On peut se passer de la cuillère de vinaigre de cidre (ou de citron), les pancakes seront juste moins gonflés.

Fondant au chocolat

Pour 2 personnes :
- 100 g de chocolat noir
- 40 g de sucre rapadura
- 10 g de poudre d'amandes
- 40 g de farine de blé complet ou de riz
- 10 cl de crème végétale
- 250 ml d'huile d'olive

- Faire fondre le chocolat au bain-marie.
- Mélanger les farines, la poudre d'amandes, le sucre. Ajouter la crème végétale et l'huile, mélanger.
- Ajouter le chocolat.
- Verser la préparation dans des ramequins.
- Mettre au four à 180 °C pour dix minutes à peine.
- Déguster encore tiède !

Cookies amandes et chocolat

Pour 20 petits cookies :
- 230 g de farine complète
- 100 g de sucre roux complet
- 10 g de poudre à lever sans phosphate
- 70 g de poudre d'amandes
- 45 g de purée d'amandes
- 110 g de margarine végétale
- 55 g de yaourt de soja
- 100 g de pépites de chocolat

- Préchauffer le four à 180 °C.
- Mélanger les ingrédients secs entre eux.
- Ajouter la purée d'amandes, la margarine et le yaourt de soja. Mélanger.
- Ajouter les pépites.
- Humidifier légèrement vos mains.
- Prendre un peu de pâte et rouler dans la paume des mains, aplatir légèrement en posant sur une plaque de cuisson recouverte de papier sulfurisé.
- Faire cuire quinze minutes. Surveiller la cuisson en fonction de votre four.
- Laisser refroidir, les cookies durcissent.
- Déguster froid ou encore tiède.

Astuce : remplacez les pépites par des raisins, des cranberries ou moitié chocolat/moitié fruits secs. Vous pouvez mettre un peu moins de matière grasse (mais davantage de purée d'oléagineux à la place ou un peu d'eau pour garder la quantité de liquide) et de sucre, selon vos goûts.

Tarte au chocolat

Pour 6 personnes :
- 1 pâte feuilletée végétalienne

- 260 g de tofu soyeux
- 200 g de chocolat noir
- 100 g de poudre d'amandes
- 80 g de sucre roux complet

- Faire fondre le chocolat au bain-marie.
- Pendant ce temps, mélanger le tofu soyeux, le sucre et la poudre d'amandes.
- Placer la pâte feuilletée dans un plat à tarte avec son papier. Piquer avec une fourchette.
- Mélanger le chocolat à la préparation tofu soyeux-amandes-sucre.
- Verser sur la pâte.
- Enfourner vingt à vingt-cinq minutes à 180 °C. La pâte doit être dorée.

Smoothie acidulé à la pomme

Pour 50 cl :
- 25 cl de lait végétal
- 2 pommes bio
- 1 poignée de chou chinois (petites feuilles) ou d'épinards frais
- 1 citron
- 2 figues sèches
- 1 cuillère à soupe de graines de chia
- 1 pincée de vanille

- Couper les pommes et les épépiner. Si elles sont bio, pas besoin de les éplucher.
- Laver les feuilles du chou chinois et les couper en morceaux.
- Couper les figues noires en morceaux.
- Presser le citron.
- Ajouter tous les ingrédients dans un blender et mixer.

Astuce : idéal pour le petit déjeuner ou pour un goûter riche en vitamines, le smoothie s'adapte à toutes les envies et à tous les ingrédients. On peut remplacer le lait végétal par une infusion refroidie par exemple. Mélanger des fruits avec des légumes à feuilles vertes (les épinards crus et le chou kale sont parfaits) permet d'apporter du calcium et d'autres nutriments sans avoir l'impression de beaucoup en manger. C'est la meilleure façon pour moi de faire le plein de fruits ! Vous pouvez y ajouter du cacao et toutes sortes d'épices. Attention toutefois à prendre le temps de boire ce jus pour bien le digérer.

Lait végétal

Pour 1 litre :
- 100 g d'amandes ou de noisettes, de noix de cajou ou de cacahuètes
- 1 litre d'eau

- Faire tremper la veille les amandes.
- Le jour J, jeter l'eau de trempage et mixer les amandes avec de l'eau jusqu'à ce les amandes soient en morceaux. La préparation devient laiteuse.
- Filtrer dans un chinois ou avec un sac à lait.
- Garder l'okara (la partie solide qui reste dans le chinois) pour remplacer l'œuf dans des biscuits, par exemple.

Astuce : se conserve trois jours au réfrigérateur dans une bouteille en verre ébouillantée au préalable. Pour un lait plus consistant, jouez sur la quantité d'eau (en enlever) ou d'oléagineux (en rajouter).

Porridge en une nuit pomme-cranberries

Pour 1 bol :
- 20-25 cl de lait d'amandes maison
- 5 cuillères à soupe de flocons d'avoine et fruits secs
- 2 cuillères à soupe de cranberries
- 2 cuillères à soupe de graines de chia
- 1 cuillère à soupe de sirop d'agave
- 1 demi-pomme

• La veille au soir, mélanger dans un bol le lait avec les céréales, les fruits secs, les cranberries, les graines de chia et le sirop d'agave.
• Couvrir le bol et placer au frigo toute la nuit.
• Le lendemain matin, couper la pomme en morceau et ajouter au porridge.
• Déguster !

Astuce : idéal pour le petit déjeuner, vous pouvez personnaliser la recette avec des flocons de riz, de châtaigne, toutes sortes de fruits secs et frais, mettre du cacao…

III
VÉGANE AU QUOTIDIEN

Finalement, c'est facile de manger végane ! Mais il reste encore du chemin à faire en s'attaquant à tout ce qui rentre dans notre quotidien. Car être végane, c'est aussi faire le choix d'éviter la souffrance animale dans l'ensemble de ses achats et de ses actions. Adieu cuir, laine, soie, mohair et angora, cosmétiques, soins et détergents testés sur les animaux. C'est l'occasion de s'intéresser à la composition des produits utilisés quotidiennement. L'habitude, transmise par la famille, les publicités... poussent bien souvent à acheter sans se poser de question sur les ingrédients ou les conditions de développement et de fabrication des produits. Devenir végane fait prendre conscience de ce qui se cache derrière un pull, un sac, un rouge à lèvres ou un gel douche. Les consommateurs peuvent choisir d'être des consom'acteurs. Le pouvoir d'achat est aussi un pouvoir d'action et déjà un acte militant. Boycotter une marque au profit d'une autre n'est pas sans influence.

J'ai fait le choix de ne porter et de n'utiliser aucun produit testé sur les animaux, autant que possible. J'ajoute à ce critère celui de l'environnement en privilégiant des ingrédients ayant un impact écologique réduit (coton bio, occasion, sans emballage...) et celui de la santé en achetant des articles naturels, sans dérivés pétrochimiques (phtalates, cyclométicones...) qui sont des perturbateurs endocriniens, car ils bouleversent les hormones de notre corps. Quand on commence à lire avec attention les indications sur les étiquettes, on découvre un univers (assez) effrayant. La plupart des mentions étant dans des termes incompréhensibles du public, tout le monde utilise des produits en ignorant leur contenu. Attention à ne pas tomber dans le piège des marques qui vantent la qualité naturelle de leur gamme, toutes ne sont pas aussi « vertes » qu'elles le disent. Vous trouverez en annexe (voir p. 157) des ressources et des labels pour vous aiguiller dans vos choix.

1 COMMENT S'HABILLER ?

Cela paraît parfois étrange que nous refusions de porter de la laine. A priori, tondre un mouton n'implique pas sa mort. Cependant, cette matière n'est pas aussi jolie qu'elle en l'air... Les agneaux destinés à la production de laine ont l'arrière-train et la queue découpés sans anesthésie afin d'éviter la propagation de mouches pondant sous la peau : les myiases. Une technique dite du muesling, pratiquée en Australie qui concentre 50 % de la production de laine mondiale. Les agneaux, même sans muesling, subissent la plupart du temps une castration à vif. Les moutons ont, à l'origine, de la laine pour se tenir chaud l'hiver et, sans sélection génétique, ils en produisent beaucoup moins à l'état naturel qu'en élevage. Ils pourraient donc très bien survivre avec leur pelage sans notre intervention. Lorsque les moutons ne sont plus assez rentables, ils sont envoyés à l'abattoir. La laine est donc entachée de sang. La situation des autres animaux élevés pour leur pelage, même si leur utilisation n'implique pas la mort comme la fourrure, est rarement meilleure.

La soie implique, par exemple, d'ébouillanter les vers qui la produisent. Le cuir provient des vaches et des veaux, en acheter revient à soutenir les élevages industriels et les abattoirs. Laine, angora (chèvre, lapin), mohair (chèvre angora), astrakan (fourrure de l'agneau karakul tué à l'âge de 2 ou 3 jours), cachemire (chèvre), crin (cheval, porc), feutre (réalisé à partir de laine bouillie), fourrures, soie de porc, cuir... autant de matières évitées par les véganes lors de leurs achats. Certains gardent dans leur armoire leurs vêtements en laine ou chaussures en cuir achetés avant d'être véganes, d'autres préfèrent s'en séparer en les donnant, par exemple.

Déchiffrer les logos et les appellations

Ce symbole désigne la laine (wool).

Celui-ci indique le cuir ou « leather » en anglais.

Vous pouvez parfois voir l'appellation « feather » qui signifie plume.

« Fur » indique la présence de fourrure.

Distinguer la vraie et la fausse fourrure

Les étiquettes des vêtements sont à contrôler pour savoir quelles matières les composent. Cela est d'autant plus important pour la fourrure des cols de manteaux l'hiver qui, parfois, n'est pas précisée comme de la vraie. L'étiquette doit mentionner « fur » ou « fourrure » et préciser sa provenance (qu'elle soit animale ou synthétique). Sans indication claire, il vaut mieux reposer l'article. Le pelage n'implique pas forcément un prix plus élevé du vêtement, c'est bien souvent l'inverse, surtout si la fausse fourrure est de qualité (douce et souple). Il est possible de porter de la fausse fourrure quand on est végane, bien que certains préfèrent s'abstenir car cela véhiculerait indirectement l'idée qu'exploiter les animaux est normal (comme porter de fausses plumes en bijoux). Parfois, la mode ne nous laisse que peu de choix dans les manteaux à capuche. Même si je n'ai jamais aimé les doudounes avec de la fausse fourrure (ni de la vraie, d'ailleurs), il y a 4 ans, je n'ai pas eu d'autre choix que d'en prendre une, faute de trouver autre chose en boutique.

Il existe des astuces pour distinguer la vraie de la fausse toison. Le site fourrure-torture.com les répertorie. En arrachant quelques poils et en les brûlant, vous pourrez constater s'ils fondent comme du plastique ou se consument avec une odeur caractéristique, comme nos cheveux. La fausse fourrure est également plus rêche au toucher que la vraie. Cette dernière a une base en cuir (en piquant une aiguille, vous pouvez le sentir) et les poils sont de diverses tailles. Pour vous faciliter la tâche, le site répertorie aussi des marques engagées contre la fourrure.

Les fibres synthétiques

Que l'on se rassure, les véganes ne meurent pas de froid l'hiver sans laine, angora ou mohair. On trouve des pulls synthétiques facilement en magasin et il existe des matières naturelles qui protègent des basses températures, comme le lin ou le chanvre. Les tissus en fibres telles que le nylon, le polyester, l'acrylique, l'élasthane ne sont pas très écologiques. Ils sont, en effet, issus du pétrole et subissent tout un processus de fabrication impliquant un certain nombre de composés chimiques. Ainsi, en plus d'être souvent produits à l'étranger dans des conditions peu équitables pour les travailleurs, ces vêtements sont source d'une grande pollution.

Les fibres végétales

Il existe des vêtements en fibre végétale, mais certains nécessitent des traitements chimiques assez lourds comme le soja, le bambou ou la viscose de bambou.

Le coton est une matière naturelle qu'il est préférable d'acheter en « biologique », car sa fabrication en « conventionnel » implique de grandes quantités de pesticides et de substances blanchissantes. On trouve assez facilement des vêtements dans cette matière dans diverses boutiques en ligne, comme ecocentric.fr et d'autres, citées plus loin. Pour ceux qui tricotent, des pelotes de coton bio (couplés parfois à du bambou) sont en vente sur veganyarn.com.

Matière naturelle moins connue que le coton, **le sabra**, fabriqué notamment au Maroc à partir d'aloe vera est une soie végétale infroissable. Il est souvent couplé à du coton, mais aussi parfois à de la laine.

Le **lenpur,** tiré de branches de pin blanc, est, quant à lui, appelé cachemire végétal. Il est cultivé au Canada et en Chine. Cette matière est dite douce, brillante, anti-odeur… On en trouve notamment dans la literie ou les sous-vêtements.

La **fibre Ingeo** obtenue par la fermentation du sucre de maïs est biodégradable, résistante aux taches et à l'humidité. Elle est cependant peu produite. On peut la retrouver dans des vêtements de sport.

La fibre d'ortie reste, elle aussi, peu connue bien qu'elle servait autrefois à faire des cordes, car elle est très solide, mais aussi souple. Elle permet d'être au chaud l'hiver en emprisonnant l'air et au frais l'été. Plante vivace, elle ne nécessite pas l'utilisation de produits phytosanitaires pour sa production. Son utilisation reste cependant rare, d'où les prix élevés quand on trouve des produits en contenant, même en faible pourcentage.

Tout comme l'ortie, l'**asclépiade** est une mauvaise herbe au Québec. Pourtant elle peut se transformer en feutre et devenir un duvet plus chaud et plus isolant que les plumes d'oie.

Plus commercialisé que l'ortie, **le lyocell**, notamment de la marque Tencel, est extrait de la cellulose de bois d'eucalyptus provenant d'exploitations forestières gérées durablement. Cette matière a un impact réduit sur l'environnement, car les solvants utilisés pour son traitement ne sont pas nocifs. Le lyocell est dit 50 % plus absorbant que le coton, plus doux que la soie et plus rafraîchissant que le lin. On en retrouve par exemple dans des vêtements sur ekyog.com ou komodo.co.uk, quelques-uns sur vetementbio.com, mais aussi dans des matelas. Il faut compter une centaine d'euros pour un pantalon, 70 € pour un T-shirt.

Le chanvre est également réputé pour sa production ayant peu d'impact sur l'environnement. Une expérimentation de 2012 de la chambre d'agriculture de Dordogne a montré qu'il est facile à cultiver, car il nécessite peu d'eau, ne demande pas de produits phytosanitaires, peu d'engrais et pousse vite. Le chanvre permet de créer un tissu très résistant, absorbant, protégeant des UV et agréable à porter été comme hiver. Le filage étant difficile, il reste une matière assez chère, mais pas autant que la fibre d'ortie. En ligne, on peut trouver toute une gamme de vêtements avec du chanvre (à 100 % ou couplé à du coton biologique) sur naturellementchanvre.com. On peut s'en procurer également sur filabio.com, ecoline.fr, cabaneachanvre.com, fibris.fr, veggieshop.be… Il faut compter environ 80 € pour un jean en chanvre et coton et autour de 110 € pour un pantalon 100 % chanvre.

Dernière matière à l'honneur : **le lin**, produit à 80 % en Europe et notamment en France dans le Nord-Pas-de-Calais, en Picardie et en Normandie. Cette fibre ne représente que 1 % des fibres textiles consommées dans le monde. Elle possède pourtant de nombreux atouts : résistante, légère, isolante, biodégradable, anallergique… et sa culture demande moins d'engrais et de pesticides que le coton. Lorsque les plants sont arrivés à maturité, ils sont arrachés et laissés sur place, ce qu'on appelle le rouissage. Les graines permettent de donner l'huile de lin : toute la plante a une utilisation. Après cette étape, le lin est teillé en France, en Belgique ou au Pays-Bas. En revanche, il existe très peu de filatures en Europe et 90 % de la production de lins teillés part en Chine où les vêtements sont alors confectionnés… et principalement vendus en Europe ! On peut trouver des vêtements en lin presque entièrement fabriqués en France, par exemple, sur la boutique « Juste : la révolution textile » (larevolutiontextile.com). 9 étapes sur 10 sont faites dans l'Hexagone, seule la filature est assurée en Italie et en Lituanie. Les teintures sont certifiées Oeko-Tex, exemptes de produits toxiques pour le corps et l'environnement. Il faut compter 90 € pour un pull et 80 € pour un débardeur. Attention, cette boutique vend également des articles en laine.

Toutes ces fibres ont généralement un coût plus élevé que ce que l'on peut acheter dans la grande distribution. Reste à savoir les valeurs que l'on souhaite défendre et s'il n'est pas nécessaire de préférer une armoire éthique à une armoire remplie de vêtements dont certains ne voient presque jamais le jour.

Le recyclage

Le recyclage est également une bonne alternative. Soit en achetant des vêtements d'occasion et en leur donnant ainsi une seconde vie, idéal quand on a un petit budget, soit en achetant des produits utilisant des « déchets » pour fabriquer de nouveaux habits, comme la fibre polaire créée à partir de bouteilles en plastique.

On peut citer des marques comme Patagonia qui recycle le polyester et utilise du coton biologique, Reversible qui fabrique des sacs et des objets de décoration à partir de PVC, de ballons de basket, de sacs de transport de café ou bien encore Coll.part qui réutilise des contenants alimentaires pour en faire des sacs à main, des trousses de toilette et des objets de décoration… Les initiatives se développent de plus en plus et il est possible que près de chez vous des créateurs recyclent des vêtements et des objets.

Vous pouvez vous aussi donner une seconde vie à vos vêtements en les customisant par exemple, on trouve de nombreuses idées et tutoriels sur Internet. Le réseau Pinterest est une source fabuleuse pour la créativité ! Les recycler peut également prendre la forme d'un don à une association ou la revente, plutôt que de les mettre à la poubelle. Des sites comme vinted.fr ou dressingenligne.fr permettent d'acheter et de vendre des vêtements de seconde main. Cela s'applique de même aux objets du quotidien, à l'électroménager qui peut être récupéré par une association qui pourra le réparer et bien souvent faire travailler des personnes en insertion. Le recyclage est un cercle vertueux, certes, pas directement lié au véganisme, mais avec des valeurs communes.

Le minimalisme

On entend de plus en plus parler du minimalisme. Ce terme désigne à la fois un courant d'art moderne des années 1960 et un mode de vie inspiré du « zen ». Il s'agit de se désencombrer du superflu, d'apprendre à reconnaître l'utile de l'accessoire. Cela s'applique aussi bien aux placards de la cuisine qu'à la garde-robe. Il suffit de faire le tour de ses vêtements pour se rendre compte que certains n'ont été que peu ou pas portés au cours des derniers mois. Il s'agit d'acheter uniquement ce qui manque et qui est un réel besoin et non plus de céder aux tentations du shopping. On trouve des livres et des blogs pour accompagner cette démarche. On peut ainsi économiser et réduire son impact écologique. Symboliquement, le minimalisme désencombre également l'esprit. Ce n'est pas facile de s'y mettre, mais commencer par l'armoire est un premier pas.

2 VÉGANE DE LA TÊTE... AUX PIEDS !

Des chaussures sans cuir, mais de qualité, ça existe ! Les prix ne sont pas plus élevés que les chaussures de marques, mais il faut souvent les acheter en ligne. On trouve bien en boutique des chaussures sans cuir, mais il n'y a aucune garantie que la colle utilisée pour fixer la semelle soit sans produit animal. En effet, le cartilage de poisson sert à créer une colle forte utilisée en ébénisterie, mais aussi pour les chaussures. Ce n'est pas écrit sur l'étiquette et il est donc bien souvent impossible de savoir si ce que l'on tient entre les mains est bien végane. Certes, les boutiques françaises, belges ou suisses (même en ligne) en proposant ne sont pas légion, mais heureusement la plupart des boutiques véganes étrangères expliquent les conversions pour les tailles et font régulièrement des réductions sur leurs frais de port. De plus, en cas de problème, il est possible de retourner les articles. Plus la demande augmentera, plus il sera facile de trouver chaussure végane à son pied.

Une liste de boutique avec des chaussures et des accessoires véganes pour les femmes, les hommes et même les enfants vous est proposée en annexe (voir p. 157).

L'étiquetage des chaussures

Avant toute chose, il faut être capable de comprendre les pictogrammes que l'on peut voir sur les chaussures.

1. 

2. 

3. 

4. 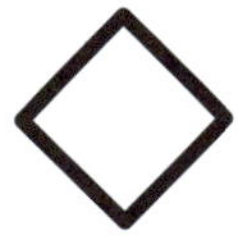

Le symbole 1 signale que le produit est en cuir enduit. Le 2 qu'elle est en cuir ou croûte de cuir. Le 3 représente le textile, naturel ou synthétique. Le 4 indique les autres matières (un peu vague, donc).

À ces symboles s'ajoutent également des dessins de chaussures qui signalent quelle matière est utilisée à quel endroit de l'objet.

Les fibres végétales pour une imitation cuir

Le monde de la mode s'intéresse de plus en plus aux chaussures véganes. Ainsi, la créatrice française Amélie Pichard a lancé avec Pamela Anderson une ligne de chaussures végétaliennes en rafia, denim et faux cuir, Robert Clergie s'est associé au groupe Lily Wood & The Prick pour la création de bottines, pour femme et pour homme, et le designer Philippe Starck a lancé des tongs véganes avec la marque brésilienne Ipanema.

Ces chaussures véganes peuvent être faites à base de produits issus du pétrole, mais aussi de fibres végétales. Ces dernières se développent de plus en plus, mais, pour le moment, demeurent rares. Ainsi, de jeunes designers néerlandais créent un similicuir à partir de fruits destinés à la poubelle. Ils ont réalisé en 2015 un sac à main et testent encore la résistance de la matière.

L'ananas est également l'avenir du « faux cuir » avec la société Ananas Anam, fondée par Carmen Hijosa. C'est en voyageant dans les années 1990 aux Philippines que l'Espagnole a cette idée en voyant les costumes traditionnels en fibres de feuilles d'ananas, solides et souples à la fois, et biodégradables. Il aura fallu plusieurs années de recherche pour que la fibre Piñatex soit créée. L'entreprise défend une production durable. En effet, ce cuir végane ne demande pas de nouveaux champs, il permet de valoriser les déchets organiques de la récolte d'ananas. Pour 1 m^2 de Piñatex, il faut environ 480 feuilles soit 16 ananas. Cela assure un revenu supplémentaire aux cultivateurs philippins. La transformation en cuir des fibres d'ananas ne nécessite aucun produit issu des animaux et le site de l'entreprise l'assure avec humour : « Aucun ananas n'est blessé pendant la fabrication du Piñatex. » Chaussures, sacs, sièges de voiture ont déjà été confectionnés avec cette matière qui sera en vente en 2018, selon les perspectives de la société.

L'Irlandais Richard Wool, professeur et chercheur en chimie et en ingénierie biomoléculaire aux États-Unis, travaillait aussi sur un écocuir végétal qui utilise des fibres de plantes tel le lin ou le coton, mélangé à du maïs, du soja et d'autres huiles végétales. Il est mort en 2015, mais son travail perdure grâce à l'entreprise qu'il a fondée en 2006 : Eco-Leather Corporation. Celle-ci a développé des produits à base de cet écocuir pour les sièges dans l'aviation ou les transports routiers, les chaussures… Plus durable et plus solide que le cuir, cette matière intéresse de plus en plus.

ATTENTION AUX PLUMES, DUVETS, PERLES...

De nombreux bijoux fantaisie sont fabriqués avec de vraies plumes. Vous pouvez en trouver également dans d'autres objets, tout comme du duvet : canapés, oreillers, coussins, couettes, sacs de couchage, doudounes... Dans les bijoux, évitez corail, nacre, perle qui impliquent de tuer un être vivant pour récupérer l'ornement. Le corail est effectivement un animal bien qu'il ressemble à un végétal ou un minéral.

3 HYGIÈNE ET SANTÉ AU QUOTIDIEN

Il est souvent difficile de s'y retrouver parmi les cosmétiques. La mention « non testé sur les animaux » ne signifie pas sans ingrédient d'origine animale ni même qu'aucun de leur composant n'est effectivement testé sur les animaux en dehors de l'Europe. Et si au critère « végane » et « cruelty-free » (sans cruauté) – ce qui va de pair quand on est végane à vrai dire – on ajoute celui du « naturel », il faut s'armer de patience pour décrypter les composants.

Avec l'expérience, on sait à quelle marque on peut faire confiance et on peut même se lancer dans ses propres produits. Sans être chimiste, on peut faire des cosmétiques de base en suivant quelques règles d'hygiène indispensables (voir p. "Huile de soin pour le visage anti-acné et antiride", page 131 et suiv., mes recettes cosmétiques). Qu'ils soient achetés ou faits soi-même, utiliser des produits naturels ne signifie pas qu'ils sont sans risque, des réactions allergiques sont toujours possibles selon les peaux. Il faudra les tester (dans le creux du coude) pour trouver les produits adaptés.

Les produits animaux dans les cosmétiques

Cire d'abeille (E901 ou Cera Alba), miel, venin d'abeille, lait de jument ou d'ânesse, carmin et acide carminique, chitine, collagène, fixateurs (musc, civette, castoréum par exemple), huile de vison (mustela oil), lanoline, shellac (gomme-laque, issue de la cochenille), venin de serpent, kératine, sodium tallowate (graisse animale utilisée dans le savon), la glycérine (origine animale ou végétale souvent non précisée), poudre de soie... sont quelques-uns des composants de produits cosmétiques issus des animaux. Attention également aux éponges naturelles qui forment un groupe d'animaux marins. Préférez-leur les éponges konjac faites à base d'algues du même nom.

La législation européenne et les tests sur les animaux

Il est courant de lire sur les sites des marques de cosmétiques « conformément à la législation européenne, nous ne pratiquons aucun test sur les animaux, qu'il s'agisse des matières premières ou des produits finis ». De ce fait, nous pourrions nous dire que tout ce que nous achetons en boutique en Europe ne cause aucun mal aux animaux. Mais la réalité est plus compliquée : des possibilités de tests sur les animaux sont inscrites au cœur même de la réglementation européenne avec le plan REACH, Registration,

Evaluation and Authorisation of Chemicals (enregistrement, évaluation et autorisation des produits chimiques).

Pour comprendre un peu mieux tout ce qu'implique une directive ou un règlement européen, quelques explications s'imposent. Il existe en droit ce qu'on appelle une hiérarchie des normes que l'on peut s'imaginer comme une pyramide. En France, la Constitution est au sommet. Ainsi, il est impossible qu'une loi soit appliquée si elle ne se conforme pas à la Constitution. Mais la Cour de justice européenne considère qu'une loi communautaire est supérieure aux constitutions des États membres. Pour qu'une directive ou un règlement européen soit appliqué, le pays doit la/le ratifier pour l'intégrer à son droit. En général, cela demande du temps et l'Union européenne fixe des dates d'applications. La France s'est ainsi vue contrainte d'amender sa Constitution pour ratifier un traité dont certaines dispositions entraient en conflit avec notre droit.

LA PROGRESSION DE LA LÉGISLATION EUROPÉENNE

Les tests sur les animaux pour les cosmétiques ont commencé à être remis en question par l'Union européenne en 1993. Le 6e amendement à la directive concernant les cosmétiques dans l'Union européenne interdit la vente de produits finis testés en dehors de l'UE. Après trois reports en 1998, 2000 et 2003, c'est finalement en mars 2013 que l'Europe bannit les tests sur les animaux pour les cosmétiques : produits finis et ingrédients. Les produits testés, d'où qu'ils viennent, ne pourront pas être mis en vente sur le marché européen. Entre-temps, en 2004, les tests sur les produits finis uniquement ont été interdits et, en 2009, la mise sur le marché d'ingrédients testés sur les animaux a été bannie. Pour comprendre simplement et en images les différentes étapes, le blog La p'tite noisette a consacré deux articles à la législation européenne en matière de cosmétique.

En 2007, l'Agence européenne des produits chimiques (ECHA) crée le plan Registration, Evaluation and Authorization of Chemicals

(REACH)[1] qui doit s'assurer que les substances utilisées dans l'industrie, dont ceux des cosmétiques, ne présentent pas de danger pour l'homme et l'environnement. Ce règlement, au-dessus de la directive sur les cosmétiques dans la hiérarchie des normes, veut également encourager des méthodes alternatives aux tests sur animaux. L'ambition du plan est de répertorier, d'ici 2018, 30 000 substances chimiques (les substances naturelles comme les huiles essentielles sont aussi concernées) et leurs risques potentiels.

Les industriels doivent déclarer au niveau européen les substances qu'ils utilisent dans des quantités supérieures à une tonne par an. Si la substance est sans risque, aucun problème ; si elle présente des risques son utilisation est soumise à conditions ; si elle a « certains risques », son utilisation est encadrée, voire interdite. Les nouvelles substances doivent être testées par les entreprises qui veulent les utiliser afin de connaître leurs dangers éventuels et de les répertorier. Sur le site du ministère français de l'Écologie, du Développement durable et de l'Énergie on peut ainsi lire : « L'évaluation des propositions d'essais s'applique à tous les dossiers de substances de plus de 100 tonnes par an, pour lesquels les demandeurs proposent de réaliser un essai sur un vertébré. L'Agence doit obligatoirement donner le feu vert, après une consultation publique, à de tels essais, afin d'éviter qu'il n'y ait trop d'expérimentation animale. » L'interdiction des tests sur animaux ne s'applique pas lorsque les critères de sécurité de l'environnement, de risques professionnels ou l'utilisation de ces mêmes substances dans d'autres domaines que la cosmétique entrent en jeu[2].

Les tests sur les animaux sont donc toujours possibles en Europe, même pour les cosmétiques. Et les industriels semblent découvrir régulièrement de nouvelles substances révolutionnaires pour rajeunir, par exemple. Les marques commercialisant à l'étranger peuvent se voir obligées de faire tester leurs articles, c'est le cas

1. Site : echa.europa.eu/fr/regulations/reach
2. Site en anglais : echa.europa.eu/fr/view-article/-/journal_content/title/clarity-on-interface-between-reach-and-the-cosmetics-regulation

pour la vente en Chine en boutique (les cosmétiques écoulés en ligne sur des sites internet chinois ne sont pas concernés ni ceux fabriqués sur leur sol). Certains véganes boycottent ainsi des marques s'y implantant. Il est donc important de savoir décrypter les labels et mentions sur les produits, de se renseigner, tout comme de se tourner vers des solutions plus naturelles qui ne présentent pas ou peu de danger pour la santé humaine et l'environnement. Vous pouvez vous référer à l'annexe (voir p. 157) qui présente plusieurs labels de différentes associations et leurs spécificités. Tous n'offrent pas les mêmes garanties.

Où acheter des cosmétiques véganes et cruelty-free ?

On commence à voir le label « cruelty-free » de l'association Peta (Pour une éthique dans le traitement des animaux) dans les grandes surfaces, en boutique spécialisée de cosmétiques (Kiko, Hema et Lush, par exemple), mais vous trouverez plus facilement des produits qui vous correspondent en magasin bio (marques Lavera, Logona, Cattier, par exemple) ou dans les magasins véganes (il y a peu de boutiques) et sur Internet.

À Paris, vous pourrez trouver votre bonheur à Vegan Mania et Lamazuna, deux boutiques spécialisées dans les produits de soin et de beauté naturels et véganes.

La marque montréalaise Bkind livre partout au Canada et a deux points de retrait à Montréal. Crème pour les mains, exfoliant au café, trousse de départ pour découvrir différents produits… sont à tester !

En Belgique, purnatural.be a une gamme de produits véganes du déodorant à l'huile végétale en passant par les vernis.

De nombreuses autres marques et sites sont à découvrir en annexe (voir p. 157).

Faire ses cosmétiques maison

Faire ses cosmétiques soi-même est la garantie d'avoir un produit répondant à votre éthique, mais également naturel. En privilégiant les ingrédients bio, ou du moins non pétrochimique (dérivés du pétrole), on préserve l'environnement et sa santé. Lorsque l'on détaille la liste des ingrédients dans les cosmétiques, les gels douche, mousse à raser et shampoings, on se rend compte de la quantité de produits nocifs que l'on utilise tous les jours. En cumulant tout ce à quoi nous sommes exposés, au quotidien, nous obtenons vite une bombe à retardement pour notre organisme (et la planète qui récupère les rejets dans la douche ou lors des baignades) qui doit éliminer toutes ces substances nocives qui passent par notre peau.

COMPRENDRE LA COMPOSITION DES PRODUITS

Pour décrypter la liste incompréhensible des ingrédients de vos produits, vous pouvez consulter le site laveritesurlescosmetiques.com. Dans l'onglet « recherche INCI », vous découvrirez si l'ingrédient est plus ou moins toxique et quel est son origine (animale, végétale ou minérale). Sachez que les ingrédients sont mentionnés par ordre de quantité, ainsi le premier ingrédient est celui qui est le plus présent dans la composition du produit. Les ingrédients dosés à moins de 1 % ne sont pas obligés d'avoir un ordre précis.

Faire ses produits cosmétiques soi-même permet aussi de réduire la quantité de déchets (on peut utiliser des pots en verre que l'on désinfecte pour chaque nouvelle utilisation) et les dépenses en cosmétiques. Certains produits du quotidien coûtent cher comparés aux ingrédients utilisés, surtout quand l'eau est l'ingrédient principal. C'est aussi une activité ludique et l'occasion de faire des produits qui nous correspondent vraiment. Il faudra peut-être tester plusieurs recettes avant de trouver celle qui convient le mieux à son type de peau, à son odorat, mais c'est gratifiant de faire soi-même. Déodorant, lotion solaire, baume à lèvre, parfum, shampoing, savon saponifié à froid… sont réalisables chez soi.

Où acheter les matières premières ?

L'association Slow Cosmétique propose un guide gratuit en ligne avec des recettes, disponible sur simple inscription à la newsletter de la boutique : slow-cosmetique.com. Vous trouvez sur ce site des produits cosmétiques naturels finis, mais aussi des ingrédients pour les fabriquer. Des logos précisent pour chaque produit s'il est végane, non testé sur les animaux, sans produit pétrochimique, etc.

Vous pouvez vous fournir en matière première sur Aroma-Zone qui propose aussi des recettes. On peut lire sur leur site qu'ils sont engagés auprès de One Voice et que « les produits Aroma-Zone ainsi que leurs ingrédients ne sont pas testés sur les animaux ni vivants ni morts ni sur des tissus animaux issus de la vivisection ». Certains composants sont issus des animaux, il faut bien vérifier la composition.

Mycosmetik est une marque, certifiée biologique, centrée sur l'aromathérapie, les ingrédients naturels et les cosmétiques maison. Conseils, kits avec ingrédients et recettes, matériels… sont à découvrir en ligne. Il n'y a pas de tests sur les animaux, cependant, certaines recettes contiennent des ingrédients d'origine animale.

Les huiles végétales

Les **huiles végétales** sont les alliés des cosmétiques maison, on les trouve dans les crèmes, soins du visage, des cheveux, démaquillant, les savons… Elles ont différentes propriétés et il faut les choisir en fonction de l'effet recherché : hydrater, se débarrasser des boutons (si elle est non comédogène), lutter contre le vieillissement de la peau… Les huiles végétales remplacent aisément les crèmes de jour ou de nuit, combinée ou non à une huile essentielle, à un petit massage sur le visage et voilà votre peau nourrit en douceur. Elles peuvent aussi servir de démaquillant.

Il faut la choisir pure (seule la vitamine E peut être présente dans la liste des ingrédients pour la conservation), première pression à froid, vierge (c'est-à-dire non dénaturée) et dans l'idéal bio (quitte à privilégier le naturel, allons jusqu'au bout).

L'**huile d'olive** se trouve facilement dans notre cuisine. Alliée santé, elle a aussi des propriétés intéressantes pour les soins de beauté : anti-âge, nourrissante pour la peau et les cheveux, équilibrante (convient aux peaux grasses et sèches)...

L'**huile de jojoba** a l'avantage de réguler la production de sébum et convient ainsi aux peaux ou cheveux gras ou secs. Vous pouvez ainsi faire un bain d'huile pour vos cheveux avec l'huile de jojoba : étaler l'huile sur la partie à traiter (racines ou pointes) ou sur l'ensemble de la chevelure, enrouler les cheveux dans une serviette, laisser poser une heure et bien shampouiner. La cosmétique maison peut être aussi simple que cela !

L'**huile de nigelle** (cumin noir) est aussi recommandée pour les cheveux gras, les pellicules et l'acné.

L'**huile d'argan** est idéale pour les peaux sèches tout comme l'huile de macadamia, d'avocat, d'amande douce, de calophylle...

Les **huiles d'onagre** et de rose musquée sont recommandées aux peaux matures pour lutter contre les rides. Elles peuvent être combinées, par exemple, à l'huile essentielle de géranium.

Le **beurre de karité**, de cacao ou l'huile de coco (sous forme solide au-dessous de 25 °C) sont utilisés couramment dans les produits maison. Le beurre de karité est idéal après une exposition au soleil et celui de cacao pour limiter les vergetures.

● Les huiles essentielles

Les huiles essentielles, parfois abrégées sous la forme H.E., sont également très présentes dans les recettes de cosmétiques maison. Elles sont issues de la distillation des plantes aromatiques et sont très concentrées en principes actifs. Elles se mélangent à l'huile et avec leurs différentes vertus peuvent soigner les petits bobos (coups, piqûres d'insectes), désinfecter, favoriser l'élimination de la cellulite, ralentir le vieillissement des cellules, hydrater, calmer l'inflammation après le rasage... Elles peuvent aussi être utilisées en diffusion pour assainir l'air, se relaxer, parfumer l'air intérieur… En inhalation au-dessus d'un bol d'eau bouillante ou dans un inhalateur (1 à 2 gouttes) pour le bien-être respiratoire et la relaxation ou en sauna facial pour les peaux grasses.

ATTENTION!

Les huiles essentielles sont déconseillées aux enfants de moins de six ans et aux femmes enceintes. Il est en effet préférable d'éviter les huiles essentielles les trois premiers mois de la grossesse et, ensuite, d'en utiliser certaines[1] en très faible quantité dans les préparations cosmétiques.

En toutes circonstances, il vaut mieux les employer avec précaution. Elles ne s'appliquent quasiment jamais pures et il ne faut pas les diffuser en continu (faites en particulier attention si vous avez des animaux). Elles sont conservées dans un flacon teinté (ambré) qui les protège de la lumière, c'est pourquoi il est préférable que vous optiez pour ce même genre de flacon pour la fabrication de vos produits contenant une forte proportion d'H. E. Dans de bonnes conditions, les huiles essentielles se conservent jusqu'à cinq ans.

Comment diluer les huiles essentielles ?

Afin de réaliser une lotion pour le visage, par exemple, il vaut mieux que la concentration d'huile essentielle soit à 2 %. Par exemple, pour un petit flacon de 30 ml, il ne faudra que 15 gouttes d'H.E. mélangées à de l'huile végétale.

1. Voir le site : slow-cosmetique.com/le-mag/enceinte-quels-soins-et-quelles-huiles-essentielles/

	10 ml de produit	30 ml de produit	50 ml de produit
Dilution à 2 %	5 gouttes	15 gouttes	25 gouttes
Dilution à 5 %	12 gouttes	37 gouttes	62 gouttes
Dilution à 10 %	25 gouttes	75 gouttes	125 gouttes
Dilution à 15 %	37 gouttes	112 gouttes	187 gouttes

1 ml d'huile essentielle correspond à 25 gouttes.

Mes huiles essentielles indispensables pour me chouchouter

La **lavande vraie** (ou lavande fine ou lavande officinale) est calmante et relaxante. Elle aide la peau à cicatriser en cas de coup de soleil et elle parfume agréablement les préparations cosmétiques. Quelques gouttes sur l'oreiller aident à s'apaiser avant de dormir en cas de période de stress. Elle est aussi utilisée pour les spasmes digestifs, les irritations et piqûres d'insectes.

Le **tea tree** (arbre à thé) est un l'alliée des peaux à problèmes et des cheveux gras. Elle assainit également l'air ambiant. Il est recommandé de la mélanger à une autre H.E., car son odeur n'est pas très agréable.

L'**ylang-ylang** a un parfum très suave qui accompagne ses propriétés relaxantes en massage, par exemple. Elle soulage les articulations sensibles et son effet antiseptique en fait aussi l'alliée de la peau et des cheveux gras.

L'H.E. de **géranium rosat bourbon** régule également les problèmes d'acné, favorise la cicatrisation, permet de calmer un saignement de nez, aide à lutter contre les rides et la cellulite, repousse les moustiques et favorise la détente. Son odeur en fait également un allié de choix pour les crèmes maison.

Le **ciste ladanifère** dégage une odeur ambrée qui peut servir pour la confection des parfums maison. Cette huile essentielle est aussi antivirale, antihémorragique, cicatrisante et astringente pour la peau et aide à s'endormir en cas d'insomnie. Elle est particulièrement indiquée pour les peaux sujettes à l'acné, à la couperose ou aux rides. On peut donc la combiner avec celle de géranium.

● Les eaux florales ou hydrolats

Il s'agit du résidu de la distillation des plantes pour obtenir leur huile essentielle. L'eau florale a les mêmes vertus, en plus faible dose, que l'huile essentielle de la plante, mais elle a l'avantage de ne pas comporter de contre-indication. Il est préférable d'utiliser les hydrolats purs et bio. L'eau florale fait aussi office de lotion tonique, nettoie la peau non maquillée, elle peut remplacer l'eau dans les recettes de cosmétiques maison (crème, masque…). Les différents hydrolats se mélangent également entre eux. Il est préférable de bien essuyer sa peau après avoir vaporisé l'eau florale afin d'éviter qu'elle ne s'assèche.

L'eau de bleuet, par exemple, vous permettra de décongestionner vos yeux, notamment si vous la placez au réfrigérateur.

● Le bicarbonate, l'argile, les cires végétales et conservateurs naturels

D'autres produits entrent également dans la composition des cosmétiques maison de base. Ils permettent de confectionner des masques pour le visage et le corps, de donner de la consistance à un produit, de faciliter sa conservation…

Le **bicarbonate** a de nombreuses propriétés et on en trouve facilement en grande surface, généralement avec le sel. En magasin bio vous en trouverez en plus grand sachet et en poudre plus fine, ce qui peut être plus agréable pour les cosmétiques et moins irritant. Il a des propriétés adoucissantes pour la peau, il est désodorisant, dégraissant, gommant, blanchit les dents…

Le **vinaigre** est aussi un précieux allié que l'on se procure facilement. Il régule la production de sébum, il est astringent, adoucissant… Il permet aussi d'ajuster le pH d'une préparation.

L'**argile** peut être verte, blanche, rose, rouge. Elle est purifiante, équilibrante, astringente, antibactérienne… On la retrouve dans les masques, les soins pour les cheveux, les dentifrices et les déodorants. L'argile verte est la plus connue des argiles. Elle nettoie et purifie les peaux grasses. Elle peut aussi réduire les poches sous les yeux grâce à ses propriétés décongestionnantes. On peut également l'utiliser pour faire des cataplasmes (une préparation pâteuse préparée avec des huiles essentielles et à laisser poser avec un linge sur une zone à traiter). L'argile blanche est idéale pour les peaux sèches. Elle permet de créer des soins purifiants. La rouge est riche en oxyde de fer. Elle illumine le teint, quel que soit votre type de peau. Elle est particulièrement recommandée pour les peaux sujettes aux rougeurs. Enfin, l'argile rose, mélange d'argile rouge et blanche, est recommandée pour les peaux fragiles pour ses vertus apaisantes. Elle a aussi un effet cicatrisant.

La **cire végétale**, à base de riz ou de soja, donne de la consistance aux crèmes. Elle permet de fabriquer des cosmétiques solides comme des baumes à lèvres ou des déodorants.

Pour des textures crémeuses et renforcer l'action nourrissante des crèmes ou des gels douche, il est possible d'utiliser des émulsifiants. Il faut faire attention à leur composition. La lécithine de soja permet, entre autres, que la phase aqueuse (eau) et huileuse ne se séparent pas dans un produit.

Afin de conserver les préparations, certaines recettes contiennent de la vitamine E qui évite le rancissement des huiles. Le cosgard permet de conserver les préparations contenant de l'eau. C'est l'un des rares conservateurs autorisés en cosmétique bio. Il est dosé à 0,6 % du poids total de la préparation. L'extrait de pépin de pamplemousse est aussi un conservateur ainsi que certaines huiles essentielles.

N'oubliez pas également qu'un savon saponifié à froid ou un simple savon de Marseille permettent parfois de remplacer, tout simplement, plusieurs produits comme le gel douche ou la mousse à raser.

Huile de soin pour le visage anti-acné et antiride

Pour un flacon teinté de 10 ml
- 3 gouttes d'huile essentielle de ciste ladanifère
- 2 gouttes d'H.E. de géranium rosat Bourbon
- 10 ml d'huile de jojoba
- Un mini-entonnoir

– Stériliser le flacon dans l'eau bouillante ainsi que le mini-entonnoir
– Verser l'huile de jojoba.
– Ajouter les gouttes d'huile essentielle.
– Mélanger.
– Appliquer matin et soir sur le visage.

Astuce : il s'agit d'une dilution à 2 %, cela est préférable pour le visage, notamment sensible et pour le contour des yeux. Vous pouvez employer en complément une eau florale pour vous laver le visage avant d'appliquer l'huile. L'hélichryse italienne, appelée immortelle, est recommandée pour les cicatrices d'acné, les rougeurs et les cernes. Le soin pénètre normalement rapidement dans la peau.

Gommage hydratant pour le visage

- 1 cuillère à soupe de bicarbonate fin
- 1 cuillère à soupe d'huile de jojoba
- Optionnel : 1 goutte d'huile essentielle de géranium ou d'ylang-ylang

– Mélanger la cuillère à soupe de bicarbonate avec l'huile de jojoba.
– Appliquer sur le visage en faisant des mouvements circulaires.
– Insister sur le front, le menton et le nez.
– Rincer à l'eau tiède.

– Tamponner le visage avec une serviette. Le restant d'huile va pénétrer dans votre peau en quelques minutes.

Astuce : il vous restera sûrement du gommage après l'utilisation sur le visage, vous pouvez l'utiliser sur les mains ou les pieds.

Cette recette a été testée et approuvée sur une peau sensible et réactive.

Crème pour le corps

Pour un pot de 100 ml
- 30 ml d'huile de coco
- 45 ml de beurre de karité
- 15 ml d'huile de jojoba
- 25 gouttes d'huile essentielle de géranium rosat Bourbon
- 0,5 ml de vitamine E

– Stériliser le pot.
– Faire fondre le beurre de karité et l'huile de coco avec l'huile de jojoba.
– Verser dans le pot et ajouter l'huile essentielle et la vitamine E.
– Laisser reposer toute une nuit.

Astuce : utilisez des cuillères doseuses pour l'huile et la vitamine E. Cette crème raffermit la peau, favorise la détente et dégage un doux parfum fleuri qui se dissipe rapidement, mais certains peuvent ne pas apprécier cette odeur.

Soin pour chouchouter ses pieds

- Une bassine
- De l'eau chaude
- Une cuillère à soupe de bicarbonate
- 3 gouttes d'huile essentielle de lavande ou d'ylang-ylang
- Un peu d'huile d'amande douce (ou une autre huile à défaut)

– Verser l'eau chaude sur le bicarbonate.
– Ajouter l'huile essentielle.
– Mettre vos pieds dans la bassine et savourer un moment de détente.
– Sécher vos pieds et hydrater avec de l'huile d'amande douce.

Astuce : vous pouvez utiliser un gant luffa ou une pierre ponce après le trempage des pieds, le bicarbonate aide à retirer les peaux mortes et ramollit les durillons et cors. Pour des pieds tout doux, mettez des chaussettes après les avoir enduits d'huile et dormez avec.

● Shampoing sec express

Pour espacer les shampoings ou tout simplement parce que vous n'avez pas le temps de laver et sécher vos cheveux un matin, sachez qu'un peu d'argile blanche peut vous sauver de l'excès de sébum. Il suffit d'en saupoudrer vos cheveux, de continuer vos activités pendant quelques minutes, puis de bien les brosser pour répartir l'argile. Pour les cheveux foncés, ajoutez un peu de cacao non sucré pour éviter d'avoir les cheveux grisonnants. Certaines recettes mélangent à l'argile un peu de fécule de maïs qui a également un pouvoir absorbant et quelques gouttes d'huile essentielle d'arbre à thé (tea tree). Il arrive que les cheveux soient un peu électriques selon la brosse à cheveux que vous utilisez. Il vaut mieux que celle-ci soit d'ailleurs exclusivement réservée à cet usage si vous ne voulez pas avoir de l'argile sur les cheveux tous les matins.

● Déodorant liquide sauge et palmarosa

Pour un flacon de 65 ml
- 15 ml de vinaigre de cidre
- 50 ml d'eau bouillante
- 1 poignée de sauge
- 1 cuillère à café de menthe douce
- 20 gouttes d'huile essentielle de palmarosa

– Préparer une infusion de sauge et menthe avec 50 ml d'eau bouillante.
– Laisser refroidir.
– Filtrer et verser dans un flacon avec un spray.
– Ajouter le vinaigre et l'huile essentielle.
– Bien agiter.
– Conserver au frigo deux à trois semaines.

Astuce : je vous avoue qu'il est parfois difficile de trouver un déodorant naturel adapté. Ceux au bicarbonate sont efficaces, mais je ne les supporte pas. Cette version liquide me convient, tant au niveau de ma peau que de l'odeur et de son efficacité dans la plupart des situations… mais ce ne sera peut-être pas votre cas.

Parfum floral

En reprenant la recette de base du guide Slow-Cosmétique[1].

Pour un flacon de 35 ml :
• 30 ml d'alcool dénaturé à 90 °
• 5 ml de glycérine végétale
• 6 gouttes d'huile essentielle d'ylang-ylang
• 6 gouttes d'H.E. de géranium
• 5 gouttes d'H.E. essentielle de lavande
• 10 gouttes d'H.E. de palmarosa
• 10 gouttes d'H.E. de citron

– Nettoyer votre plan de travail et stériliser le flacon.
– Verser à l'aide d'un mini-entonnoir l'alcool, la glycérine et les gouttes d'H. E.
– Bien mélanger.
– Laisser reposer au moins quarante-huit heures en remuant le flacon plusieurs fois par jour.

1. Offert sur inscription à la newsletter du site slow-cosmetique.com

– Tester sur l'intérieur de votre poignet pour vérifier si l'odeur vous convient et si vous ne faites pas de réaction allergique. Si le parfum est trop fort vous pouvez le diluer dans un peu d'eau.

Astuce : l'alcool dénaturé a une odeur plus neutre que l'alcool « classique », elle est donc idéale pour réaliser un parfum. Les préférences olfactives étant différentes pour chacun, il ne faut pas hésiter à tenter d'autres combinaisons en suivant les conseils pour les notes de fonds, de cœur et de tête du site lessentieldejulien.com.

Attention, le citron fait partie des huiles essentielles photosensibilisantes. À privilégier l'hiver.

Parfum bonbon à la framboise

Pour un petit flacon roll-on de 15 ml
- 12 ml d'alcool à 90 ° dénaturé
- 3 ml de glycérine végétale
- 6 gouttes d'arôme naturel de caramel bio
- 16 gouttes d'arôme naturel de framboise bio

– Nettoyer votre plan de travail et stériliser le flacon.
– Verser à l'aide d'un mini-entonnoir l'alcool, la glycérine et les gouttes d'arôme.
– Bien mélanger.
– Laisser reposer au moins quarante-huit heures en remuant le flacon plusieurs fois par jour.
– Tester sur l'intérieur de votre poignet pour vérifier si l'odeur vous convient et si vous ne faites pas de réaction allergique.

Astuce : ce parfum est sans huile essentielle et convient donc aux femmes enceintes ou personnes allergiques aux H. E. Le flacon roll-on permet d'appliquer facilement le parfum à l'aide d'une petite bille en métal et il se glisse facilement dans un sac.

Les tatouages

Les encres des tatoueurs peuvent contenir des substances d'origine animale : de la glycérine, de la gélatine, du charbon d'os, de la gomme-laque (shellac issu de la cochenille). Certains tatoueurs utilisent des encres véganes sans le savoir. Workehores, Intenze, Skincandy, Eternal Ink, Solid Ink, Waverly Color, Kuro Sumi, Good Color, Starbrite, Stable Color, Fusion Tatoo Ink, Panthera ou bien encore Unique Permapro commercialisent des encres véganes. Il vous suffit de vous rendre chez les tatoueurs munis de cette liste (non exhaustive) pour trouver un artiste qui vous assurera un tatouage qui correspond à votre éthique. À vous de voir si vous souhaitez, ensuite, étudier la liste des ingrédients pour éviter les métaux lourds.

Les produits utilisés pour préparer la peau avant le tatouage, le papier transfert (la marque Reprofx est végane, car sans lanoline), la crème appliquée après peuvent aussi en contenir, il faudra aussi vous renseigner sur ces points. Et pensez à vérifier la composition des soins post-tatouage ! Il vous faudra trouver une crème nourrissante et cicatrisante sans ingrédient animal. Par exemple : le Hustler Butter est biologique, naturel et végane. On peut l'acheter en ligne. Vous trouverez plus d'informations dans le premier numéro du magazine en ligne gratuit *Cherry Pepper.*

ET CHEZ LE COIFFEUR ?

La marque Wella ne teste pas sur les animaux et beaucoup de coiffeurs utilisent leurs produits sans savoir qu'ils sont véganes. Cependant, elle appartient au groupe Procter et Gamble qui teste certains de ses produits.

En France, Belgique, Suisse ou au Québec il y a des salons qui utilisent les produits Wella. Pour trouver un salon près de chez vous, allez sur wella.com. À Montréal, Helmet a des produits de coiffures écologiques et non testés sur les animaux.

Il reste également la solution du coiffeur à domicile qui vous permet de vous laver les cheveux avec vos produits.

Les médicaments et la contraception véganes

Il est difficile en France de trouver des médicaments véganes. En Angleterre, les médicaments sous forme liquide se développent, évitant ainsi la gélatine pour les gélules et le lactose pour certains cachets. On peut aussi trouver des tissus d'animaux dans la composition de certains médicaments, sans compter que les médicaments sont testés sur les animaux. Il existe pour le moment peu de choix pour les véganes.

En attendant, pour se faire entendre, il vaut mieux être en bonne santé et vivant. Si le recours aux médicaments est obligatoire et qu'il n'existe pas d'alternative sans composant d'origine animale, il faudra faire une entorse à l'éthique. Les médicaments génériques, tombés dans le domaine public au bout de vingt ans, ne sont a priori pas testés sur les animaux, les formules ayant été validées plusieurs années auparavant, de nouveaux contrôles ne sont pas nécessaires.

Mes huiles essentielles contre les petits maux

La **citronnelle de java** et l'**eucalyptus citronné** sont de bons répulsifs pour les moustiques, elles soulagent également les piqûres et les douleurs articulaires. La seconde est aussi réputée pour ses vertus anti-inflammatoires : foulure, crampe, courbature...

L'huile essentielle de **citron** permet de soulager les maux de gorge. Il ne faut pas en prendre plus de 2-3 gouttes dans la journée, mélangée à une cuillère de sirop d'agave.

La **menthe poivrée** est efficace contre les maux de tête grâce à son effet froid sur les tempes. Cela permet également de calmer la douleur après un choc. Elle est aussi utile pour lutter contre les troubles digestifs en cas de nausées ou spasmes.

Le **gingembre** permet d'agir contre la fatigue, soulage les articulations et les muscles sensibles (courbatures) et aide à la digestion. Elle peut être utilisée dans une huile en préparation à l'effort avant de pratiquer une activité sportive.

Le **giroflier** en bain de bouche permet de se débarrasser des aphtes et de réduire l'inflammation des gencives. Elle est aussi recommandée en application cutanée sur le ventre en cas de problèmes urinaires bénins.

Des solutions naturelles contre les microbes

Pour les petits rhumes et autres microbes bénins, on peut opter pour des solutions naturelles avec des plantes en vrac (attention, l'homéopathie peut contenir du lactose, les synergies d'huiles essentielles peuvent être en capsule de gélatine). Pour lutter contre le rhume, on peut se préparer une infusion de thym, eucalyptus, menthe et cannelle avec une goutte d'huile essentielle de citron, 3 fois par jour. Si les symptômes persistent, il faut consulter son médecin traitant.

En ce qui concerne les vitamines et compléments alimentaires, on en trouve des véganes dans les boutiques spécialisées.

La contraception

La pilule contraceptive contient bien souvent du lactose et a été testée sur les animaux, tout comme la plupart des produits médicaux, préservatifs et lubrifiants inclus. Certaines véganes optent pour des contraceptions non hormonales comme le stérilet en cuivre ou la symptothermie, une contraception naturelle basée sur l'auto-observation des signes corporels et de la température (une méthode sur laquelle il faut bien se renseigner).

Les marques Glyde (certifié par la vegan society), French Letter Condoms, Einhorn (commerce équitable) commercialisent des préservatifs sans caséine (protéine de lait). Pour obtenir le label CE, les préservatifs sont obligatoirement testés, mais Glyde a choisi de ne pas le faire sur les animaux, ce n'est pas aussi clair pour les autres marques.

ATTENTION AUX CIGARETTES

Il ne s'agit pas d'encourager à fumer, puisque c'est dangereux pour la santé, mais, pour les fumeurs qui ne souhaitent pas arrêter, sachez que la plupart des cigarettes ne sont pas véganes. Il en existe non testées sur les animaux : Benson Dorées, (El) Che, Fleur du Pays, Grand Manitou, Natural American Spirit, Pueblo et Yuma.

4 NETTOYER LA MAISON

Les produits ménagers sont bien souvent testés sur les animaux. Il existe quelques marques qui affirment ne pas le faire.

La marque Sonett que l'on trouve en magasin bio a le label de la Vegan Society et l'entreprise est engagée pour l'environnement en ayant un bilan carbone réduit et des produits ne contenant pas de substances pétrochimiques.

L'Arbre Vert, que l'on trouve en grande surface, ne teste pas sur les animaux et n'emploie pas d'ingrédients d'origine animale. La marque, certifiée Ecolabel, utilise des éléments d'origines naturelles et encourage à acheter des recharges pour ses flacons afin de limiter les déchets.

Il est aussi possible de trouver sur les sites en ligne spécialisés dans la vente végane des produits d'entretien de différentes marques : Attitude, Ecozone, Astonish, Earth Friendly Product… Au Québec, la marque Le Mieux et le magasin Terre à Soi, à Montréal, sont de bonnes références pour trouver des nettoyants non testés.

Une autre solution sans cruauté, bonne pour la planète et la santé : faire ses propres produits ménagers ! C'est aussi une solution très économique. Il suffit de ressortir les astuces de grand-mère. Vinaigre blanc, bicarbonate, citron, savon de Marseille et savon noir sont vos meilleurs amis contre la saleté ! De la lessive au nettoyant pour sol en passant par le liquide vaisselle et le détartrant pour les toilettes, on peut tout faire avec des produits naturels et quelques réactions chimiques. Il vous faudra parfois frotter un peu plus fort, c'est l'occasion de faire du sport ! Je trouve ma salle de bains plus brillante qu'avant, je ne fais plus d'allergie… que demander de plus ?

Comme pour les cosmétiques maison, prenez tout de même quelques précautions dans la réalisation de ces produits, même s'ils sont bien moins dangereux que ceux que l'on peut acheter dans le commerce.

Les essentiels pour une maison propre

Le vinaigre blanc est idéal pour détartrer. Il suffit d'en vaporiser sur les robinets et de laisser agir pour qu'ils retrouvent leur brillance. Pour la bouilloire, on en verse avec de l'eau, on fait bouillir (on évite de respirer les vapeurs) et on peut verser dans la douche ou dans les toilettes sur un mélange moitié bicarbonate et moitié gros sel pour entretenir la tuyauterie et éviter les bouchons. Une utilisation deux en un ! Le vinaigre est également bien utile pour laver les vitres et miroirs, pour désinfecter les surfaces, du sol au réfrigérateur. Il adoucit le linge (l'odeur disparaît avec le séchage du linge et on peut lui additionner un peu d'huile essentielle), désodorise et détache. Il peut servir à presque tout !

Le bicarbonate de soude nettoie et désinfecte les surfaces (ne pas utiliser sur l'aluminium), même les moquettes et tapis (saupoudrer, frotter et laisser agir avant d'utiliser l'aspirateur), blanchit et assouplit le linge, désodorise la poubelle ou le réfrigérateur, débouche les canalisations… On peut même l'utiliser au fond de la litière du chat pour limiter les mauvaises odeurs.

Le savon noir nettoie et dégraisse les surfaces. Il peut être utilisé également comme liquide vaisselle, additionné à de l'eau et à quelques gouttes d'huile essentielle antibactérienne (tea tree, citron, menthe poivrée, thym…). Le savon de Marseille a le même usage. Veillez à les choisir purs et sans graisses animales.

Le citron sert aussi à nettoyer le sol, il peut d'ailleurs être combiné au vinaigre pour neutraliser son odeur. Tout comme lui, il détartre. Blanchir le linge est un autre de ses pouvoirs.

On peut compléter cette liste avec le percarbonate de soude (nocif en cas d'ingestion et corrosif, à manipuler avec des gants) qui permet de blanchir et détacher le linge (1 à 2 cuillères à soupe dans le tambour). Les cristaux de soude renforcent l'action nettoyante de la lessive. Le sel, le marc de café, le blanc de Meudon, sont d'autres ingrédients des recettes de grand-mère pour une maison propre.

Quelques recettes pour débuter

● Lessive[1]

- 30 g de savon de Marseille râpé
- 2 litres d'eau bouillante
- 30 g de bicarbonate ou de cristaux de soude
- 15 gouttes d'huile essentielle (lavande, ylang-ylang)

– Mettre les copeaux de savon dans un grand faitout. Ajouter 1 litre d'eau bouillante et bien mélanger.
– Lorsque le savon est fondu, ajouter le bicarbonate et l'huile essentielle.
– Laisser figer une nuit.
– Le lendemain, ajouter à nouveau 1 litre d'eau bouillante et mélanger.
– Laisser refroidir et verser dans un bidon.
– Secouer le bidon avant chaque utilisation.
– Mettre un bouchon de lessive dans le tambour.

Astuce : ajoutez du vinaigre blanc à la place de l'assouplissant avec quelques gouttes d'huile essentielle. Cela entretient la machine à

1. D'après le cahier de recettes « Je fabrique mes produits ménagers » des Centres permanents d'initiatives pour l'environnement de Picardie.

laver en même temps. Pensez à nettoyer votre machine en la faisant tourner à vide avec du vinaigre et du gros sel. Elle sera étincelante !

Désinfectant multi-usage[1]

Pour 50 cl de produit :
- 250 ml d'eau
- 250 ml de vinaigre blanc
- 15 à 20 gouttes d'huile essentielle (menthe poivrée, citron…)
- Un flacon avec un spray

Ce désinfectant permet d'assainir les toilettes, la salle de bains, la cuisine, de laver les vitres et miroirs… Certaines recettes utilisent le vinaigre pur, cela peut être un peu agressif pour le nez. Sachez que l'on s'habitue à l'odeur du vinaigre qui disparaît en séchant. Il peut servir pour nettoyer le sol, mais attention, si vous avez les animaux, évitez l'huile essentielle, ils pourraient en avaler en se léchant les pattes et être malades.

Nettoyant pour sol sans huile essentielle

- 1 litre de vinaigre blanc
- Les écorces de deux citrons bio

Après avoir utilisé les citrons dans une recette par exemple, mettre les écorces dans du vinaigre blanc pendant trois semaines au moins. Il est possible de mélanger les agrumes. Il suffit ensuite de verser dans un bidon et de l'utiliser avec un peu d'eau pour nettoyer le sol, sans risque pour les animaux, bien qu'ils ne raffolent pas des agrumes en général. Il peut aussi servir de désinfectant. Le vinaigre est très efficace pour dégraisser et assainir les surfaces.

1. *Ibid.*

Désodorisant pour toilettes

- Écorces d'agrumes coupées en morceaux
- Coquilles de noix
- Une branche de thym
- Quelques gouttes d'huile essentielle (agrume ou menthe poivrée)

Il s'agit de réaliser une sorte de pot-pourri à alimenter de temps en temps en huile essentielle. Il est possible donc de varier la composition avec des bâtons de cannelle, de la badiane… et de personnaliser sa senteur. La menthe poivrée donne « une odeur de propre » appréciable, mais les agrumes sont tout aussi efficaces. Ce désodorisant naturel ne dégage pas de produits toxiques, même les sprays bio ou aux huiles essentielles peuvent contenir des gaz propulseurs pas toujours très bons pour la santé.

5 ET LES ANIMAUX DE COMPAGNIE ?

Adoption

Les véganes ont parfois des animaux de compagnie. Ils refusent cependant de les acheter et d'encourager les élevages, car cela réduit les animaux à des marchandises. Ils en adoptent dans les SPA et autres associations, sauvent des poules pondeuses de l'abattoir (certains élevages les proposent pour 1 € symbolique au lieu de les envoyer à la mort lorsqu'elles ne sont plus assez rentables), d'autres parrainent un animal vivant dans un refuge (cochon, chèvre, vache) faute de l'accueillir à domicile… Chacun agit selon ses moyens et convictions. J'ai personnellement deux chats et je parraine un cochon dans un refuge (association GroinGroin).

Alimentation

Il existe des aliments pour chiens et chats véganes dans les boutiques spécialisées. Ces aliments sans produits animaux sont enrichis en vitamines et minéraux. Les croquettes que l'on achète en grande surface – et qui contiennent des restes d'abattoirs – font d'ailleurs débat sur leur toxicité[1]. On trouve de nombreux témoignages sur Internet de propriétaires de chien ou chat véganes en pleine forme, certaines études tendent à montrer même une amélioration de leur santé[2]. Tout comme ils se sont habitués aux croquettes à nos côtés (ce n'est pas leur nourriture naturelle, rappelons-le), ils s'adaptent à une alimentation végétalienne. De plus, les aliments classiques pour nos animaux de compagnie contiennent finalement davantage de céréales que de protéines animales, cela revenant moins cher aux fabricants.

Attention aux chats

Les croquettes véganes sont étudiées pour apporter au chat et au chien les nutriments nécessaires à leur bonne santé. Cela est d'autant plus valable pour les félins qui ont besoin de taurine, sans cette vitamine ils peuvent devenir aveugles et développer des problèmes cardiaques. La marque Amicat propose des croquettes contenant de la taurine. Vous trouverez également la marque Benevo, approuvée par la Vegetarian Society, Vegusto pour chat et chien (saucisses et pâtée végétaux enrichis en B12 et taurine)... Il est aussi envisageable de préparer de la nourriture fraîche pour chat et la complémenter avec du Vegecat (vegepet.com). La nourriture pour chien ne semble pas demander obligatoirement une supplémentation.

1. Dr Julia Ziegler, *Toxic croquettes*, Thierry Souccar Éditions, 2014.

2. Site : liberationanimale.com/2011/04/02/des-chiens-et-des-chats-vegetariens vegetaliens/
Site : david.olivier.name/fr/sur-l-alimentation-vegetarienne-des-chats-et-des-chiens

Soins naturels

Il existe aussi des solutions naturelles, comme les huiles essentielles, pour éviter aux animaux de compagnie d'être infestés de puces, tout en préservant leur santé. Attention toutefois à bien vous renseigner avant pour éviter de blesser votre compagnon. Les huiles essentielles doivent toujours être diluées. Le vinaigre de cidre peut être une base pour les H. E. L'huile végétale de neem est réputée pour servir d'antipuce, combinée aux huiles essentielles de géranium, de lavande, d'eucalyptus, de menthe poivrée…

Les chiens ne supportent pas les huiles essentielles contenant du phénol, comme celle de giroflier, d'ylang-ylang, de laurier ou de muscade.

Les chats sont, quant à eux, extrêmement sensibles aux H.E., elles sont très toxiques pour eux. Il vaut mieux ne pas en mettre sur leur pelage.

Le savon noir est recommandé pour laver les animaux, il a des vertus antiparasitaires et n'abîme pas leur poil. Ajouter de la levure de bière à la nourriture permettrait également de lutter contre les puces.

6 TOUTES LES QUESTIONS QUI POURRAIENT RESTER APRÈS LA LECTURE DE CE LIVRE

Et s'il vous manque des explications, voici les questions les plus fréquentes ! Il en existe beaucoup d'autres, consultez vegfaq.org pour tout comprendre des choix des véganes !

● Quel est le problème avec les œufs ?

Les animaux ne sont pas des marchandises. Nous ne devons pas les voir comme des objets à exploiter en fonction de leur production.

À la naissance, les poussins sont triés et les mâles sont éliminés : asphyxiés ou broyés (la race de « poulet de chair » étant différente, ils ne sont pas élevés pour la consommation humaine). Les becs des femelles sont épointés et 70 % des poules pondeuses sont élevées en cage pour limiter le cannibalisme et la violence de centaines de poules élevées sans espace, sans interactions sociales… Les poules pondant moins de 300 œufs au bout d'un an, il est plus rentable de les envoyer à l'abattoir et d'en prendre de nouvelles. Consommer les œufs de « poules heureuses » vivant chez un voisin encourage à considérer les animaux comme des ressources. Ces poules sont également issues d'un élevage qui a trié les poussins…

● Quel est le problème avec le lait ?

Il est bon de rappeler qu'une vache ne produit du lait que parce qu'elle a un petit, comme les femmes. À partir de deux ans, elles sont inséminées chaque année pour donner naissance à un veau et stimuler la production de lait. Sélectionnées génétiquement, elles produisent des quantités de lait très (trop) importantes pour leur corps. Les veaux leur sont retirés à la naissance ou dans les vingt-quatre heures et c'est un véritable déchirement. Ceux-ci finissent par trouver la mort à l'abattoir. Elles peuvent meugler et chercher leur petit pendant des jours, certaines s'échappant même au péril de leur vie. Les vaches sont traites même pendant leur grossesse et elles développent souvent des infections au niveau des pis. Au bout de cinq ans, elles ne sont plus assez productives et sont envoyées à l'abattoir, alors qu'elles pourraient vivre jusqu'à 20 ans.

● Pourquoi refuser le miel ?

Les abeilles produisent du miel pour leurs propres besoins, c'est leur réserve de nourriture. Elles sont prêtes à mourir pour garder leur récolte (en effet, quand une abeille pique, son dard et une partie de son abdomen s'arrachent et sa mort est inévitable), c'est pourquoi il est impossible de prélever les produits de la ruche à mains nues. Les abeilles travaillent, nous déplaçons leurs ruches vers de nouvelles floraisons pour accroître la production de miel, nous volons le fruit de leur butinage en enfumant leur ruche pour les étourdir… L'élevage des abeilles nuit à la diversité des espèces, puisqu'elles sont sélectionnées, et les rend plus fragiles aux maladies. Cela ne prévient pas leur disparition et leur présence importante sur un petit territoire perturbe également les autres insectes pollinisateurs. Il faut accroître la colonie au printemps et, au contraire, en éliminer une partie l'hiver pour que cela soit rentable. Les abeilles restantes sont nourries avec un mélange d'eau et de sucre, puisqu'elles n'ont bien souvent pas assez de miel pour survivre durant la saison froide. Beaucoup d'apiculteurs tuent les reines d'année en année pour en obtenir des plus rentables (qui pondent davantage). Le miel bio ne garantit pas de meilleurs traitements.

● Mais les plantes sont aussi des êtres vivants, peut-être qu'elles souffrent ?

Pour le moment, aucune étude ne démontre avec fiabilité que les plantes sont capables de ressentir la douleur. Néanmoins, si le sort des végétaux est une de vos préoccupations, le régime végétalien permet d'en épargner davantage que le régime omnivore. Les animaux qui sont abattus ont consommé d'importantes quantités de plantes avant de finir dans une assiette. Il y a une forte déperdition de calories et protéines dans le processus, « perd » tout ce que l'animal a mangé au cours de sa vie. Même si un végane mange beaucoup de végétaux de façon directe, il est loin d'en consommer autant qu'un omnivore.

● Les animaux de ferme vont disparaître si on ne les élève pas pour les manger, non ?

La préservation des espèces peut se faire en dehors de l'élevage pour notre consommation. Nous avons bien des chats, des chiens, des lapins, mais aussi des cochons et des poules de compagnie. Il est envisageable de changer notre relation aux animaux. Ils pourraient vivre en semi-liberté dans des « sanctuaires », comme au Farm Sanctuary VG (à Bettincourt, en Belgique) ou le Domaine des Douages (à Chantenay Saint Imbert, en France). Il faut aussi savoir que les espèces dans les élevages ont été sélectionnées génétiquement pour produire plus de lait, de viande, grandir et grossir plus vite, elles n'ont plus grand-chose à voir avec l'espèce naturelle. De plus, selon la FAO, 17 % des races animales d'élevage dans le monde sont en danger d'extinction, car les fermes-usines se concentrent sur un nombre limité de races à rendement élevé. L'élevage ne préserve donc pas (toutes) les espèces animales dites domestiques !

● Si nous ne tuons pas les animaux, ils vont nous envahir, il est nécessaire de réguler les espèces.

Les chasseurs argumentent qu'ils gèrent la faune sauvage qui se multiplierait de façon exponentielle. Il est vrai que beaucoup d'animaux n'ont plus de prédateurs naturels, celui-ci ayant été chassé par… les chasseurs. S'il est réellement nécessaire de réguler les populations animales, comment expliquer la réintroduction de gibiers d'élevage ? Un monde végane suppose de réapprendre à vivre avec les animaux sauvages, mais aussi domestiques, à préserver leur territoire et à laisser la nature faire. Pour le moment, la seule espèce envahissante tant pour ses besoins nutritionnels et récréatifs qu'en espace vital, c'est nous ! Il serait peut-être temps de partager la terre et d'arrêter de nous l'approprier à coup de bitume et de champs.

● Il n'y aurait pas assez de place pour faire pousser des végétaux si tout le monde était végane !

L'élevage monopolise à lui seul 70 % des terres d'agricoles pour nourrir le bétail. En France, les deux tiers des terres sont dédiés à l'élevage et aux cultures fourragères. Un végane consomme moins de végétaux qu'un omnivore qui en consomme de façon indirecte. Le nombre de personnes pouvant être nourries par hectare et par an varie de 22 avec des pommes de terre à seulement 1 personne avec du bœuf. Il est vrai qu'il faudrait varier les cultures, mais même sans pesticides les rendements peuvent être intéressants. Il faudrait repenser notre économie et notre agriculture, mais ce ne serait pas la première fois que nos civilisations évoluent.

• Les humains ont toujours mangé de la viande.

La tradition ne justifie pas la pratique. Nous avons laissé derrière nous bon nombre d'habitudes au fil du temps. Il est vrai que l'humain a été obligé, à un moment donné, de manger de la viande pour survivre. Les conditions de vie étaient bien différentes et nous ne vivons plus aujourd'hui dans des cavernes, un habitat traditionnel. Il n'est, aujourd'hui, plus nécessaire de manger des produits animaux avec les progrès de l'agriculture et la large variété de végétaux à laquelle nous avons accès. La consommation de viande telle que nous la connaissons est, en fait, très récente et liée à l'industrialisation. Auparavant, les mets carnivores étaient réservés aux jours de fête.

• Mais le lion mange bien la gazelle, lui.

Pour quelles raisons le règne animal devrait-il être notre modèle ? D'une part, nous sommes omnivores, nous pratiquons un régime alimentaire opportuniste qui permet de nous adapter aux situations. D'autre part nous refusons un certain nombre de pratiques courantes chez les lions, comme l'inceste. Le lion n'a pas d'autre choix que d'être carnivore, contrairement à nous.

• S'il faut prendre de la vitamine B12, c'est que ce n'est pas naturel.

La vitamine B12 est une bactérie présente dans les produits animaux, car le bétail est lui-même supplémenté, faute de pouvoir en consommer dans la souillure de leurs aliments ou de la produire eux-mêmes (pour les vaches supplémentées alors en cobalt) compte tenu des conditions d'élevage. D'autres vitamines sont ajoutées à leur alimentation puisque leurs conditions de vie n'ont rien de naturel. Ainsi, un carniste absorbe de la B12 grâce aux animaux qui ont eux-mêmes avalé un cachet. Les véganes ne font que supprimer une étape en prenant directement le cachet. Ces vitamines ne coûtent pas très cher et sont parfois sources d'autres vitamines et nutriments importants, comme l'iode que l'on retrouve dans le sel de table pour pallier un déficit général de ce nutriment essentiel.

● N'imposes-tu pas ton choix à tes enfants ?

Tout comme les omnivores imposent à leurs enfants de manger de la viande. L'alimentation végétalienne, correctement menée, est adéquate également pour les enfants. Lorsqu'il sera en âge d'affirmer ses propres choix, il pourra assumer la responsabilité de consommer des produits issus des animaux.

● Être végane coûte cher.

La viande a toujours été signe d'opulence. Les protéines végétales coûtent beaucoup moins cher que celles animales, malgré leur bas coût comparé à leur prix réel si on retire les subventions que les élevages perçoivent. Ce sont d'ailleurs les pays « riches » qui en consomment le plus, au détriment des pays « pauvres » dont les terres cultivables sont exploitées pour nourrir un cheptel à l'autre bout du monde. Certains véganes font le choix d'acheter des produits bio, car ils font attention à leur santé. Cependant, des légumes biologiques et locaux achetés directement à un producteur ne coûtent pas beaucoup plus, voire moins, que ceux du supermarché. Par exemple, les lentilles corail bio, riches en protéines, coûtent autour de 3 € le kilo, le prix d'une côte de bœuf (non bio) revient environ à 20 € le kilo en 2015.

● Les arguments autour de l'environnement et de la santé ne sont-ils pas centrés uniquement sur les intérêts humains ?

C'est effectivement un reproche que l'on peut faire à ces deux arguments. Le véganisme est un engagement éthique avant tout. Les arguments sur la santé et l'environnement peuvent masquer les véritables victimes du spécisme : les animaux. Cependant, l'argument environnemental est pour moi indissociable de la protection des animaux. S'intéresser à la préservation de l'environnement, c'est réduire aussi son impact sur les animaux sauvages qui subissent notre pollution atmosphérique, celles des déjections des animaux d'élevage, mais aussi celle de nos déchets. Les immenses champs qui servent à nourrir le bétail empiètent également sur les espaces naturels qui servent d'habitat à de nombreuses espèces. L'argument sur les dangers sanitaires de l'élevage concerne tout autant notre santé que celles des animaux : les animaux sauvages sont aussi menacés par les virus et bactéries de plus en plus résistants.

CONCLUSION

Les animaux du monde existent pour leurs propres raisons.
Ils n'ont pas été créés pour les humains,
pas plus que les Noirs n'ont été créés pour les Blancs
ou les femmes pour les hommes.

Alice Walker

Être végane englobe de nombreux aspects de la vie quotidienne. Au-delà d'un mode de vie, c'est un engagement fort qui demande de résister à la pression sociale et de remettre en question nos habitudes. L'important est d'éviter autant que possible la souffrance animale. Il est, pour le moment, bien difficile d'être 100 % végane : dans les lieux publics, chez des amis, on ignore la composition du savon présenté dans les toilettes, par exemple. Changer les choses prend du temps, il faut d'abord se changer soi-même et ne pas sous-estimer les plus petits gestes.

Se remettre en question, interroger ses propres pratiques est indispensable pour rester à l'écoute et avancer. Comme le dit Martin Gibert dans l'éditorial du n° 2 de *Versus* : « Le véganisme n'est pas un superpouvoir. Il ne vous rend pas instantanément conscient de tous vos privilèges. Et il ne nous immunise pas contre les jugements hâtifs, mal informés ou sans nuances. Faut-il le rappeler, les véganes n'ont pas le monopole du juste et du bien. » Ce n'est pas tous les jours facile et l'on peut parfois avoir l'impression d'être inutile ou se sentir seul. Ce n'est pas vrai. Nous sommes des millions dans le monde.

Le véganisme n'est pas une mode, un effet passager. Il est un choix fort et altruiste : lutter pour les droits des animaux, c'est aussi s'associer à tous les combats contre les inégalités. C'est un mouvement global qui aspire à changer les fondements de notre société. Chaque jour, de plus en plus de personnes se déclarent prêtes à arrêter la consommation de produits animaux. Chaque année de nouveaux restaurants, de nouvelles boutiques, de nouveaux projets autour du véganisme se développent dans le monde. Les médias parlent des véganes, les auteurs et les militants sont invités sur les plateaux de télévision… Il y a débat, les opinions s'affrontent, mais tout cela montre que nous existons et que le monde commence à changer. Nous vivons une période pleine d'espoir pour le véganisme !

J'espère que ce livre vous aura permis de réfléchir à la place que nous accordons aux animaux dont nous faisons et avons toujours fait partie, quelles que soient les différences entre espèces. Les clés que j'ai rassemblées sont désormais entre vos mains pour vous diriger vers un mode de vie végane. Et tout un nouvel univers s'offre à vous ! J'apprends toujours. J'enrichis mes réflexions, mes assiettes… et je partage sans compter avec les êtres qui m'entourent. Je n'ai jamais été plus en paix avec moi-même que depuis que je suis végane. C'est la meilleure décision que j'ai prise.

Nous pouvons tous agir concrètement pour les animaux. Vivre végane, ce n'est pas si compliqué !

ANNEXES

1 LES LABELS SANS CRUAUTÉ ET VÉGANES

Il existe différents labels sur les cosmétiques pour se repérer parmi les nombreux produits. Tous n'offrent pas les mêmes garanties, tout comme les labels bio. Un cosmétique végane est garanti sans produit animal. Un cosmétique « cruelty free » signifie que le produit n'est pas testé sur les animaux. Les deux ne vont donc pas forcément de pair. Si on souhaite des produits véganes, il vaut mieux bien vérifier la liste des ingrédients et ne pas hésiter à se renseigner sur la marque. Prenez garde aux simples mentions « non testé sur les animaux » si la marque n'apparaît sur aucune liste « cruelty-free » des labels ci-dessous et méfiez-vous également de la mention « sans produit animal » (*no animal ingredients*) : les entreprises comprennent « sans produit issu de la mort d'un animal » et ne sont pas toujours bien informées sur le véganisme (parfois ils contiennent de la cire d'abeille ou de la lanoline).

Voici mon classement des labels de qualité.

Ceux qui labellisent toute une marque

Le label de **Choose Cruelty Free (CCF)**, une association australienne, certifie une marque dans sa totalité (et non quelques produits). Celle-ci ne doit d'ailleurs pas appartenir à un groupe qui n'est pas certifié par CCF (qui teste, par exemple sur les marchés étrangers). Les produits de la marque certifiée ne doivent également pas contenir de produits issus des animaux si cela a impliqué de les tuer (même si cela est le résultat de « déchets » d'abattoirs), d'extraire de façon douloureuse et inconfortable la substance ou s'il s'agit d'un dérivé animal. Sur le site de l'association, vous trouverez une liste de marques véganes certifiées : choosecrueltyfree.org.au.

Le label **Leaping Bunny** a été créé en 1996 par huit groupes de protection animale réunis. Il certifie les entreprises qui ne pratiquent pas de tests sur les animaux pour ce qui concerne les ingrédients, l'élaboration et les produits finis qu'ils vendent. Elles n'achètent pas non plus d'ingrédients à des sous-traitants qui testent, elles doivent leur faire signer une convention l'attestant. Les marques ne peuvent pas vendre sur les marchés où les tests sur animaux sont obligatoires, comme la Chine. Attention, les marques peuvent appartenir à un groupe qui teste sur les animaux. Vous trouverez sur le site la liste des marques certifiées ainsi qu'un « shopping guide » à glisser dans la poche faisant notamment la distinction des marques appartenant à des groupes non labellisés : *leapingbunny.org*. Il y a également une application pour smartphone.

Le logo **Cruelty Free** de l'association Peta offre les mêmes garanties que le Leaping Bunny. Les entreprises signent un engagement certifiant qu'elles ne testent pas, ni aucun de leur sous-traitant, et qu'elles ne vendent pas dans des pays où les tests sont obligatoires. Peta tient à jour une liste de marques qui ne testent pas sur les animaux dont certaines labellisées (toutes ne font pas le choix de la labellisation qui n'est pas gratuite). Cette liste peut comporter des marques qui testent pour vendre à l'étranger ou qui ne peuvent pas vraiment garantir que leurs sous-traitants ne testent pas du tout[1]. L'association propose aussi un logo « **cruelty free and vegan** », pratique pour repérer en un coup d'œil les deux indispensables lorsque l'on est végane. peta.org.

Label **IHTK.** Pour obtenir le logo de l'Union allemande pour la protection des animaux/Union internationale de fabricants contre les expériences sur animaux dans la cosmétique, une marque doit signer une déclaration attestant qu'aucun ingrédient et produit fini ne sont testés sur les animaux, cela s'applique également aux sous-traitants. Aucune matière ne doit impliquer le mauvais traitement ou la mort d'animaux (cochenille, poudre de soie,

1. Site : crueltyfreekitty.com/cruelty-free-101/petas-cruelty-free-list-cant-be-trusted/

musc...). L'association demande également qu'« il n'existe aucune dépendance économique à d'autres entreprises qui réalisent des expériences sur animaux ou qui en donnent l'ordre (par exemple industrie pharmaceutique) ». Aucune contre-indication pour la vente de produits sur des marchés qui exigent des tests sur les animaux. Sur le site internet, vous trouverez une liste de marques recommandées par l'association : kosmetik-ohne-tierversuche.ch.

Ceux qui labellisent des produits uniquement

La **Vegan Society** propose également un label qui s'applique aussi bien aux cosmétiques qu'à la nourriture, par produit et non par marque. Il garantit que la fabrication du produit certifié n'a impliqué aucun test sur les animaux (ingrédient et produit fini), la présence d'organisme génétiquement modifié doit être mentionnée et ces OGM ne doivent pas avoir impliqué de substance animale pour leur création. La chaîne de fabrication du produit doit être nettoyée afin de ne pas contaminer les produits véganes avec des produits animaux. Vous pouvez retrouver ces critères sur le site de l'association, en anglais : vegansociety.com.

Le label de l'association **Vegan Action** s'applique uniquement à des produits sans ingrédients issus des animaux (miel, lait, soie...) et non testés sur les animaux par la marque ou ses sous-traitants. La chaîne de production doit éviter la contamination des produits véganes avec ceux non véganes. Une liste d'entreprises utilisant le logo est à consulter sur le site, en anglais : vegan.org.

Le label de l'association **One Voice** ne garantit pas un produit végane, il faut regarder la liste des ingrédients. En effet, l'association autorise le miel, le pollen et la cire d'abeille. Il existe deux logos en orange et en bleu. Le premier garantit un produit cruelty-free et certifié par un label bio tel qu'AB, Cosmebio, Demeter... Le logo bleu, lui, n'impose pas la certification biologique. Les marques peuvent vendre ces mêmes produits dans des pays où ils doivent obligatoirement être testés. Elles sont également susceptibles d'appartenir à un groupe qui teste. La liste des produits certifiés par l'association est à consulter sur leur site : one-voice.fr.

Il est possible que des marques qui ne testent pas et qui répondent aux standards véganes n'aient aucun label pour différentes raisons (coût, méconnaissance des labels...).

Les labels bio et les tests sur les animaux

La plupart des labels bio ne garantissent pas que les produits ne sont pas testés sur les animaux sur les marchés en dehors de l'Europe ni qu'une marque n'appartient pas un groupe qui teste. La proportion d'ingrédients bio varie d'un label à l'autre et tous ne garantissent pas l'absence de produits pétrochimiques (dérivés du pétrole).

Les deux labels ci-dessous se trouvent parfois sur des sites de protection animale et ne sont pas pour autant véganes, car les ingrédients peuvent être d'origine animale et les marques peuvent vendre dans des pays où les testent sur animaux sont exigés.

Le label **BDIH** a notamment pour critères des produits bio, sans test sur les animaux au cours du développement ou de la fabrication du produit, les matières premières ne doivent pas non plus avoir été testées à la demande de la marque certifiée (ni aucune de ses filiales) et ces ingrédients ne doivent pas êtres issus de vertébrés morts (graisse animale, collagène...). **Il faut donc veiller à toujours regarder la liste des ingrédients pour vérifier si le produit correspond bien à nos critères véganes.** Les articles labellisés ne contiennent pas de colorants et arômes synthétiques, de silicone, de paraffine et autres produits dérivés du pétrole. Un organisme indépendant assure le contrôle des différents critères que vous pouvez lire sur leur site : kontrollierte-naturkosmetik.de.

Le logo de la **Soil Association** garantit des produits biologiques, pas uniquement cosmétiques. Celui-ci se décline pour les produits de beauté en deux labels : Cosmos organic avec 95 % minimum d'ingrédients bio qui doivent représenter 20 % de la totalité du produit (10 % d'ingrédients bio pour les shampoings et gel douche qui contiennent beaucoup d'eau qui ne peut pas être labellisée bio) et Cosmos natural, sans ingrédient bio, mais sans OGM et sans produit raffiné. Les produits labellisés ne doivent pas être testés sur les animaux, tout comme les ingrédients, sauf si cela est requis par la loi, et ils ne doivent pas utiliser d'ingrédients issus d'animaux en voie de disparition. **Cela signifie que tous les ingrédients ne sont pas forcément véganes et que des tests peuvent être effectués sur les marchés étrangers.** Les labels Cosmos ont été établis afin d'harmoniser en Europe les labellisations biologiques sur les produits de beauté, il est donc possible de trouver la mention « Cosmos organic » et « cosmos natural » également sur les produits BDIH, Cosmebio, Ecocert green life et ICEA.

Les labels **Nature** et **Progrès** (réputé le plus exigeant des labels bio), Demeter, Ecocert… garantissent également des produits non testés sur les animaux et bio (les pourcentages acceptés d'ingrédients non bio varient), mais n'interdisent pas de vendre les produits sur des marchés où les tests sont autorisés.

Il faudra donc bien souvent se renseigner sur la marque pour savoir si elle est présente ou non à l'étranger et connaître ses exigences en matière de qualité des matières premières.

2 LES ASSOCIATIONS

Il existe de nombreuses associations sur le véganisme et l'alimentation, mais aussi de protection animale et antispécistes. Pour en citer quelques-unes et sans parti pris :

En France : L214, La Société Végane française, Sentience, Animalter, Le Comité Radicalement Anti-Corrida (CRAC), Vegan Impact, Veg'Nature, vegan.fr, Animal Justice Droit…

En Belgique : AnimaVeg, Be Vegan, le Groupe d'Action dans l'intérêt des Animaux (GAIA), One Voice…

En Suisse : La Société Végane suisse, Swiss Veg, l'Association pour la protection animale (PEA), Association végétarienne et végétalienne de l'Université Laval…

Au Québec : Voix Animale, Aequo Animo, Vegan Québec, Vegan Montréal et Toronto, Vegetarian Association, La Société végane abolitionniste du Québec…

International : PETA, Sea Sheperd, 129 life, The Abolitionnist Vegan Society (TAVS)…

3 LES BONNES ADRESSES

Les boutiques d'alimentation physiques et en ligne

Des boutiques véganes ouvrent un peu partout en France. À Paris, Un Monde Vegan, permet de trouver tous les aliments, cosmétiques, épicerie, d'acheter viandes et fromages végétaux (appelés aussi faumages) dont les artisanaux de Jay & Joy, des tartinades, de la chantilly végétale, des pains au chocolat… Depuis fin 2015, une seconde boutique a ouvert à Lyon et une nouvelle devrait voir le jour à Nice. Il est également possible de commander les produits sur Internet, la livraison se fait dans une boîte isotherme avec des pains de glace. Végétal & vous à Lille et Le cri de la carotte à Toulouse offrent également un large choix de produits, mais il n'y a pas de vente en ligne. À Bordeaux, faites-vous livrer à vélo avec veganeco.fr.

En Belgique, ARFshop à Wannebecq Lessines propose aliments frais et denrées d'épicerie : simili carné, fromage végétal, biscuits, bonbons… Vegasme à Bruxelles est un restaurant qui offre aussi une restauration à emporter, pratique si on n'a pas envie de cuisiner. Dans la capitale également, les végétaliens peuvent s'approvisionner chez VegAnne's Shop. Chez GoVeg, à Liège, on trouve de tout : du beignet au tofu en passant par les chaussures ! À Louvain, retrouvez Shavt (Simply Healthy And Vegan Things) et notamment ses fromages véganes. Vedge, à Gand, est un magasin en ligne qui propose des produits importés des États-Unis qu'on ne trouve pas ailleurs, mais aussi des produits maison (pâtisserie, fromage, glace). Des points de collectes sont accessibles à Bruxelles et Anvers. En ligne, vous trouverez des produits sur veganlife.be.

En Suisse, retrouvez des aliments véganes dans les magasins Migros et Coop dont les glaces « The Green fairy » pour ce dernier. Il est possible de prendre des plats à emporter au Veganopolis Café ou au traiteur Be Oh ! à Lausanne. Et un vaste choix se trouve en ligne : shop.vivisvegan.com, prontoveg.ch, fabulous.ch, gsundundguet.ch et commandez des fromages sur vegusto.com.

Les sites boutique-vegan.com, theveganshop.com, veganessentials.com sont également des sites à explorer quand on est à la recherche d'ingrédients spécifiques ou d'aliments préparés véganes. Lecomptoirvegan.fr et Fantasticvegan.com présentent des aliments véganes et sans huile de palme. Pour des fromages et des saucisses véganes faits-maison, découvrez miaoum-vg.com. Quant à lui, Avenirbioetvegan.fr se concentre sur les produits véganes et biologiques, l'un n'impliquant pas forcément l'autre. Sur keimling.fr (ou .ch) vous trouverez des aliments crus comme des fruits secs, des oléagineux, des graines à faire germer...

À Montréal, les véganes peuvent faire leurs achats à Antidote superalimentation qui propose, en plus de la boutique, un bar à jus et un comptoir végane (sandwichs, soupes...) et il est possible de se faire livrer à vélo ! Aux vivres, restaurant végétalien, propose un point de vente et un service traiteur. Leurs produits sont en vente également à Longueil au supermarché Avril ou chez Iga à Westmount... Les glaces Oat & Mill sont produites et livrées à Montréal à votre domicile et Gusta propose depuis le printemps 2016 des saucisses végétales artisanales sur le marché Jean-Talon de Montréal (il y a également une boutique en ligne :

shop.gustafoods.com). Au Québec, il existe plusieurs marques de produits véganes : Oui ! Desserts, Rose Madeleine, les fromages artisanaux Zengarry (Montréal, Québec, Mont-Tremblant...)... Et de nombreuses boutiques proposant des aliments diététiques comme Rachelle-Béry, Aliments Merci, Bio Terre, etc. Il est aussi possible de commander les fromages byrdsheese, faits-maison et enrichis en vitamine B12. D'autres pistes : myvega.com, karmavoresuperfoods.com, manitobaharvest.com, veganstore.com...

La plupart des boutiques citées vendent aussi des cosmétiques, des produits ménagers, des vitamines B12, etc.

Trouver un restaurant

Des sites recensent également les restaurants véganes ou proposant au moins un plat végane.

Vegoresto.fr, de l'association L214, ne cesse de s'étoffer de nouveaux restaurants véganes en France, mais aussi « classiques » qui proposent à leur carte quelques plats végétaliens. La mobilisation VegOresto encourage, en effet, les restaurateurs à végétaliser leurs assiettes en organisant régulièrement des repas dans près d'une trentaine de villes en France. Certains adhèrent ensuite à la charte et s'engagent à proposer au moins un menu 100 % végétal à la carte, tous les jours. Une application pour smartphone est aussi disponible.

L'entreprise N.A.N.Y. lance également son référencement avec son label « vegan friendly » qui implique des plats véganes au restaurant et un service souriant.

L'application Vege Tables répertorie, quant à elle, les restaurants végétariens et végétaliens en France, mais également les maraîchers et magasins bio à proximité.

Happycow.net permet, quant à lui, de trouver des restaurants véganes dans le monde entier. Veganmafia.com recense aussi à l'international les restaurants, épiceries, tables d'hôte, pâtisseries... 100 % véganes ou ayant une alternative végane à leur carte.

Vêtements

Dans la plupart des magasins, vous trouverez des vêtements qui ne contiennent pas de laine, mohair, angora, etc.

Il existe quelques boutiques comme l'Arterie Boutique & Friperie avec des vêtements et chaussures véganes à Montréal et ARFshop en Belgique à Wannebecq Lessines.

En ligne, vous trouverez des textiles naturels, mais il faudra faire attention aux matières : ecocentric.fr, ekyog.com, komodo.co.uk, vetementbio.com, veggieshop.be, filabio.com, ecoline.fr, fibris.fr, larevolutiontextile.com, naturellementchanvre.com, cabaneachanvre.com, veganessentials.com, birdsofnorthamerica.ca, advikaclothing.com, olee-clothing.com…

Chaussures

Il existe plusieurs sites en ligne et quelques boutiques dans certaines villes qui proposent des chaussures véganes. La liste suivante n'est pas exhaustive. Il est possible qu'il existe d'autres marques dont nous n'avons pas encore entendu parler à l'heure où nous écrivons ces lignes.

La marque Esprit propose depuis 2014 quelques modèles « Approved Vegan » par Peta, une association internationale de défense des animaux. Bottines imitation fourrure, tennis, baskets, bottines style motard… sont quelques-uns des modèles pour femmes proposés de 60 à 90 €. La marque utilise du faux cuir écologique et de la toile principalement.

La marque française Good Guy est également « Approved Vegan » par Peta. La fabrication des chaussures se fait au Portugal avec des matériaux « écofriendly » et non toxiques. Il est possible de les trouver dans certaines boutiques parisiennes et à l'étranger, comme aux États-Unis, en Allemagne, Italie, Australie, Japon… et sur Internet. Les prix vont de 100 à plus de 200 €, avec des modèles pour hommes ou femmes.

Wills London (chaussures-vegan-wills.fr) vend des chaussures, même pour les enfants, et des accessoires estampillés par Peta et la Vegan Society. La marque se veut éthique, sans produit animal et respectant les directives européennes pour la rémunération des ouvriers. Les chaussures sont en microfibres résistantes à l'eau et qui respirent. Il faut compter 65 € pour une paire enfant, 90 à 120 € pour les modèles hommes, 85 à 140 € pour les femmes. Les tailles sont précisées également en français et le retour est gratuit.

Beyond Skin (beyondskin.co.uk), certifiée par Peta, par la Vegetarian Society et la Vegan Society, vend de nombreuses chaussures pour femmes fabriquées en Espagne afin de garantir des produits éthiques, autant pour les animaux que les humains. La marque s'engage aussi à réduire ses émissions de gaz à effet de serre en se fournissant le plus localement possible et cherche les matériaux les plus écologiques. Il faut minimum 75 £ pour une paire de ballerines et autour de 200 £ pour des bottes. La marque va lancer une ligne pour les hommes.

La boutique de la styliste Stella Mc Cartney n'utilise pas de cuir, de peaux, de fourrure, de colle à poisson ou de plume dans ses produits. Vêtements, sacs et chaussures, pour femmes et enfants, sont donc véganes. La marque n'emploie pas non plus de PVC, mais du plastique recyclé, et travaille avec des bioplastiques à base de plantes. Depuis l'automne 2013, Stella Mc Cartney a recours à de l'Eco Alter Nappa dans les chaussures et les sacs, une alternative au cuir avec du polyester et de polyuréthane et un revêtement constitué à plus de 50 % d'huile végétale. Les prix des chaussures, faites à la main, sont entre 100 et 400 €.

Dr Martens vend deux modèles emblématiques de sa collection en version végane autour de 150 € : les bottes à 8 œillets et les chaussures à 3 œillets avec les fameuses semelles à coussin d'air.

Pour les souliers en boutique à Montréal, X2O a quelques doc Martens et L'oiseau Tonnerre des sandales.

Vous avez également le choix sur : noah-shop.com, bboheme.com, veggieshop.be, stylethic.com, niceshoes.ca, mattandnat.com, mooshoes.com, eco-vegan-shoes.com, ethicalwares.com (existe depuis 1993), freerangers.co.uk, veganline.com, nae-vegan.com, cridecoeur.myshopify.com, vegetarian-shoes.co.uk, lulus.com, neuaurashoes.com, veganstore.co.uk, bravegentleman.com, veganessentials.com, swisshempshop.com, vegishoes.ch...

Sacs et accessoires

Pour se procurer des sacs, porte-monnaie et autres accessoires, mattandnat.com (Material and Nature), créée à Montréal, est une belle ressource. La marque s'appuie sur des valeurs sociales, environnementales et éthiques. Aucun produit animal n'est utilisé et différents matériaux recyclés sont utilisés, comme des bouteilles dans les doublures. Des collections pour femmes et pour hommes sont proposées autour de 100 à 150 € pour les sacs, 54 à 72 € pour les porte-monnaie.

Gunas (gunasthebrand.com) fabrique des sacs sans cruauté et sans exploitation. Ils sont produits par des artisans ou de petites manufactures en Inde, Corée du Sud, Mexique, Brésil et à Hong-Kong. La marque refuse de créer des collections par saison afin de ne pas entrer dans le jeu de la surconsommation et de l'épuisement des ressources. On trouve sur leur site des sacs à dos (dès 85 $), des sacs à main (dès 99 $), des portefeuilles (dès 60 $)... pour femmes et quelques modèles unisexes.

Wilby (wilbyclutch.com) est une marque labellisée par l'association Peta. Les sacs sont fabriqués autant que possible avec des produits non nocifs pour l'environnement, bio ou recyclés. Ils sont fabriqués au Royaume-Uni et les prix vont de 70 à 120 £.

Freedom of animals (freedomofanimals.com) propose aussi des accessoires véganes. La marque s'est associée en 2015 à la créatrice Nikki Reed. Les livraisons sont internationales, mais comptez 180 à 400 $ le sac.

Et si vous portiez une chambre à air de vélo ? La marque bordelaise Fantôme utilise cette matière pour ses créations uniques. Une collection vannerie est également disponible, 100 % faite en France à base d'osier, une matière végétale et donc biodégradable. Les sacs (dès 140 €), porte-monnaie et porte-feuille sont en vente dans quelques boutiques et en ligne sur maisonfantome.bigcartel.com.

Ecocentric s'est également spécialisée dans les sacs, le prêt-à-porter et la petite maroquinerie « éthique et bio » et vend notamment des produits de la marque Matt & Nat. Attention, regardez bien la composition des produits, tous ne sont pas véganes, certains contiennent en effet de la soie ou du cuir véritable.

Les cosmétiques

Vegan Mania propose, dans sa boutique parisienne et sur son site, de nombreux produits de différentes marques non testées sur les animaux à tous les stades de leur fabrication (même à l'étranger), sans ingrédient issu des animaux et le plus naturel possible.

La boutique en ligne Happy Léon, tenue par la blogueuse Gala, apporte un soin particulier à sa sélection de produits qui sont véganes et souvent bio. Les marques sont certifiées et n'appartiennent pas à un groupe qui vend sur les marchés où les tests sont obligatoires. Les marques sont pour la plupart françaises.

Les Happycuriennes ont obtenu fin 2015 la certification Peta « Cruelty-free and vegan » et également le label Ecocert et Cosmebio. Cette boutique française en ligne propose des produits pour la peau, sans huile de palme et avec des ingrédients issus de l'agriculture française.

La marque française Lamazuna vend en ligne et dans sa boutique parisienne des produits naturels non testés sur les animaux. Ils sont fabriqués en France avec des ingrédients locaux au maximum. Lamazuna est engagée également dans la réduction des déchets en proposant des produits solides ou réutilisables (lingettes démaquillantes en tissu, par exemple). Ces produits sont également une solution économique puisqu'ils évitent de racheter des produits courants et durent plus longtemps. Par exemple, les shampoings étant principalement composés d'eau, un shampoing solide a un nombre d'utilisations plus important. La marque a le label Cruelty-free and vegan ainsi que la mention Slow-Cosmétique.

Avril Beauté, disponible dans certains magasins, vend également en ligne des produits cruelty-free dont des vernis, mais tous les produits ne sont pas véganes, attention, par exemple, aux poils d'animaux dans les pinceaux. La marque vend à Hong-Kong où les tests sur les animaux ne sont pas exigés.

Il existe de nombreuses autres marques et sites Internet sur lesquels se fournir en cosmétique : pachamamai.com, lush.fr, preciouslife.fr, purenatural.be, bkind.ca, veganessentials.com, ecco-verde.fr, veganstore.co.uk, etyka-luxury.com (box suisse), mekar.ca (Canada), arbonne.com (Canada), lilylolo. co.uk...

Faire ses produits ménagers

• www.nord-pas-de-calais-picardie.developpement-durable.gouv.fr/IMG/pdf/picardie_carnet_recettes_produits_menagers.pdf (cahier de recettes à télécharger)

• raffa.grandmenage.info (livret à télécharger)

• international-campaigns.org/supports-militants/IC_Alternatives_Produits.pdf (document à télécharger également)

• la-droguerie-eco.com/fr/la-librairie (deux cahiers de recettes à télécharger)

• Et de nombreuses autres ressources en ligne !

4 DOCUMENTATION

Livres autour du véganisme et de l'éthique animale

Aymeric Caron, *Antispécisme : réconcilier l'humain, l'animal, la nature*, Don Quichotte, 2016.

Gary L. Francione, *Introduction aux droits des animaux*, collection V', L'Âge d'homme, 2015.

Gary L. Francione et Anna Charlton, *Petit Traité sur le véganisme*, collection V', L'Âge d'homme, 2015.

Matt Frazier, *Se nourrir, marcher, courir vegan*, Hugo & Compagnie, 2015.

Martin Gibert, *Voir son steak comme un animal mort : véganisme et psychologie morale*, Lux, 2015.

Catherine Hélayel, *Yes, vegan ! : Un choix de vie*, collection V', L'Âge d'homme, 2014.

Jean-Baptiste Jeangène Vilmer, *Anthologie d'éthique animale : Apologie des bêtes*, PUF, 2011.

– *L'Éthique animale*, Que sais-je ? n° 3902, PUF, 2015.

Audrey Jougla, *Profession : animal de laboratoire*, Autrement, 2015.

Will Kymlicka et Sue Donaldson, *Zoopolis: A Political theory of animal rights*, Oxford University Press, 2011.

Renan Larue, *Le Végétarisme et ses ennemis : vingt-cinq siècles de débats*, PUF, 2015.

Matthieu Ricard, *Plaidoyer pour les animaux*, Allary, 2014.

Peter Singer, *La Libération animale*, Petite Bibliothèque Payot, 2012.

Bandes dessinées

Rosa B., *Insolente Veggie : une végétalienne très très méchante*, La Plage, 2015.

David Volpi et Tyef, *Sentience*, tome I : *Animal Project*, Yil, 2015.

Pour les enfants

Smriti Prasadam-Halls, *T-Végi, Le Petit Tyrannosaure dévoreur de légumes*, Gallimard Jeunesse, 2016.

Ruby Roth, *Ne nous mangez pas !*, collection V', L'âge d'homme, 2014.

– *Vegan is love*, collection V', L'Âge d'homme, 2014.

Crisula Stefanescu et Polina Zinoviev, *Mitsou, les aventures extraordinaires d'un chat végétalien*, collection V', L'Âge d'homme, 2014.

Fanny Vaucher, *Les Amis de l'ours*, collection V', L'Âge d'homme, 2015.

Livres de recettes

Sebastien Kardinal, *À la française : la tradition façon végan*, collection V', L'Âge d'homme, 2015.

Marie Laforêt et Ludovic Ringot, *Petit Végétarien gourmand*, Alternatives, 2013.

Marie Laforêt, avec la participation de Jérôme Bernard-Pellet, *Vegan*, La Plage, 2014. (Et tous les autres livres de cette auteur.)

Brian Manowitz, *Grimoire seitanique : 120 recettes apocalyptiques du vegan black metal chef*, collection V', L'Âge d'homme, 2015.

Catherine Moreau et Dr Florence Solsona, *Recettes vegan : 50 recettes faciles, équilibrées et gourmandes*, Larousse, 2015.

Melissa Morgan, *Ms. Cupcake*, collection V', L'Âge d'homme, 2014.

Jérôme Bernard-Pellet et Garance Levreux, *Comment manger moins de viande*, La Plage, 2013.

Ophélie Véron, *Bébé veggie*, La Plage, 2016.

– *La Pâtisserie crue*, La Plage, 2015.

Les blogueuses cuisinent vegan, Larousse, 2015.

Les magazines et sites d'informations en ligne

Version papier : *Les Cahiers antispécistes* (aussi en ligne), la revue *Alternatives végétariennes*, *L214 Le Mag*, *Veg-info* (en français et en allemand)... et les récents *Versus*, magazine québécois que l'on peut acheter en version numérique, *Canine* (gratuit, version papier distribuée en France uniquement) et *Carrot Invaders*, mensuel suisse à paraître fin 2016 sur papier et en version numérique.

En ligne : *Vegactu.com*, *Vegemag.fr*, *Beveggie.be*, *veggieromandie.ch*, *veggiebulle.fr*, *lechoubrave.fr*... *Cherrypepper.fr* a, quant à lui, évolué d'un magazine à une chaîne YouTube avec des recettes, des rencontres, des présentations d'ouvrages... *vegan-france.fr* n'est pas un magazine, mais un site plein d'informations pour les véganes ou véganes en devenir !

S'informer sur l'exploitation animale

lait-vache.info, pense-bete.org, vegan.fr, viande.info

Blogs de cuisine et/ou mode de vie véganes

www.100-vegetal.com (par Marie Laforêt), antigonexxi.com (par Ophélie Véron), auvertaveclili.fr (par Alice Greetham qui édite aussi des e-books de recettes), bambichoses.com, betterthanbutter.blogspot.fr, pigut.com, greencuisine.fr, kardinal.fr, lacuisinedannaetolivia.com, loetitiacuisine.com, mlleprune.fr, patateetcornichon.fr, saveurs-vegetales.com, sweetandsour.fr, uncourantdevert.fr (par moi-même), vertetfruite.com... et beaucoup d'autres ! Vegemiam.fr référence de nombreuses recettes véganes en provenance des blogs.

Blogs beauté/mode de vie véganes

maviesanscruaute.fr, glamconscious.fr, galasblog.com, laptite-noisette.com…

Blogs de pensées et blogs illustrés

coteboudreau.com, insolente-veggie.com, penseravantdouvrir-labouche.com, veggiepoulette.blogspot.fr…

Films

ALF, le film, fiction de Jérôme Lescure, 2012, 1 h 36.

Black fish, documentaire de Gabriela Cowperthwaite, 2013, 1 h 30.

Cowspiracy, documentaire de Kip Andersen et Keegan Kuhn, 2014, 1 h 30.

Des milliards de toi mon poussin, fiction de Mathilde Laconche, 2015, 1 h 37.

Earthlings (Terriens), documentaire de Shaun Monson, 2005, 1 h 35.

Forks over knives, documentaire de Lee Fulkerson, 2011, 1 h 36.

LoveMeatender, documentaire de Manu Coeman, 2011, 1 h 3.

My life's a cage, court-métrage de Guillaume Corpard, 2015, 16 min.

Remerciements

Je remercie Émilie et mon éditrice Isabelle, sans qui ce livre n'aurait pas vu le jour. Hélène qui m'a posé de nombreuses questions qui ont enrichi mon travail. Mes précieux correcteurs Anne, Adeline, Anthony et Sébastien qui ont lu et relu cet ouvrage, sans être véganes. Carine qui m'a soufflé des idées et m'a soutenue. Tous ceux qui ont fait preuve de tant d'enthousiasme à ce projet et m'ont encouragée, notamment ma maman, Anne-Catherine et Claire. Toutes les « blogueuses végétales » pour leur travail et leur créativité, comme Ophélie Véron et Alice Greetham, qui m'ont montré qu'être végane était à ma portée.

Renan Larue, agrégé et docteur en lettres modernes, auteur du *Végétarisme et ses ennemis : vingt-cinq siècles de débats*, qui a répondu à mes questions avec enthousiasme depuis la Californie.

Martin Gibert, philosophe franco-canadien, auteur de *Voir son steak comme un animal mort : Véganisme et psychologie*, qui m'a aidée à mieux comprendre les enjeux des changements de mode de vie. Une belle rencontre à travers skype, puis à Amiens lors d'une projection débat plus que jamais motivante.

Et le Dr Jérôme Bernard-Pellet qui m'a accordé de son temps pour me donner toutes les clés d'une alimentation végétalienne grâce à ses recherches depuis plus de dix ans dans le domaine.

Toute erreur qui se serait glissée est mienne.

PAPIER À BASE DE
FIBRES CERTIFIÉES

Le Livre de Poche s'engage pour
l'environnement en réduisant
l'empreinte carbone de ses livres.
Celle de cet exemplaire est de :
500 g éq. CO_2
Rendez-vous sur
www.livredepoche-durable.fr

Composition réalisée par PCA

Achevé d'imprimer en mai 2016 en Espagne par
UNIGRAF
Dépôt légal 1re publication : juin 2016
LIBRAIRIE GÉNÉRALE FRANÇAISE
31, rue de Fleurus – 75278 Paris Cedex 06

65/5832/5